初见铁人

铁人王进喜纪念馆 ◎编著

石油工业出版社

内 容 提 要

铁人王进喜纪念馆为充分展现铁人王进喜生平业绩、留存大庆石油会战历史记忆，在铁人王进喜纪念馆22000多件文物藏品中，精选100件具有代表性、影响力的文物藏品进行展示与阐述。本书采用以物记事、以事叙史、以史启迪的方式，以"物见铁人"为主旨，让更多大庆精神铁人精神、大庆油田发展的见证之物走进大众视野，旨在发挥文物藏品历史见证、精神传承的珍贵价值，从而讲好铁人故事、讲好大庆故事、讲好石油故事。

图书在版编目（CIP）数据

物见铁人 / 铁人王进喜纪念馆编著 . -- 北京：石油工业出版社，2024.12. -- ISBN 987-7-5183-7529-5

I. K828.1

中国国家版本馆 CIP 数据核字第 202533S2L6 号

出版发行：石油工业出版社
  （北京安定门外安华里2区1号　100011）
  网　址：www.petropub.com.cn
  编辑部：(010)64523760　图书营销中心：(010)64523633
经　销：全国新华书店
印　刷：北京中石油彩色印刷有限责任公司

2024年12月第1版　2024年12月第1次印刷
710×1000毫米　开本：1/16　印张：19
字数：280千字

定价：110.00元
（如出现印装质量问题，我社图书营销中心负责调换）
版权所有，翻印必究

《物见铁人》

编委会

主　任：于慧群

副主任：闫立群　苏爱华

委　员：张　雷　王　颖　邢荣哲　李　娜　何德全
　　　　唐小茹　张立凤　郭　程　史金龙　闫　冬
　　　　王美苏　郑媛元　任灵子　李　木　赵爱玲
　　　　邓　靖　张讯枫　崔俊多　关　键

编写组

主　编：苏爱华

副主编：张　雷　王　颖

成　员：唐小茹　张立凤　郭　程　史金龙　闫　冬
　　　　赵爱玲　邓　靖　张讯枫　崔俊多

目录

第一章 铁人风范

王进喜参加全国工交群英会戴的前进帽 / 02

王进喜参加全国工交群英会的代表证 / 05

王进喜参加中国共产党玉门石油管理局地质勘探公司第二届代表大会的代表证 / 08

王进喜带领工人学习的"两论"单行本 / 11

王进喜受伤后使用的拐杖 / 14

王进喜跳泥浆池时穿过的棉工服上衣 / 18

王进喜使用过的内容为"指挥生产写的象形文字"的笔记本 / 21

王进喜巡井时骑过的摩托车 / 24

王进喜当大队长时使用过的工具袋 / 27

王进喜参加大会战庆功大会的代表证 / 30

王进喜给张启刚家汇款的收据和写错的汇款通知单 / 33

王进喜穿过的带补丁单工服套装 / 36

王进喜穿过的短款雨衣 / 38

王进喜使用过的铁质餐具 / 41

王进喜当大队长时使用过的干粮、牙具袋 / 44

王进喜当大队长时使用过的野草籽袋 / 47

王进喜同工人、家属盖干打垒使用过的大铲和木榔头 / 50

王进喜参加中华人民共和国第三届全国人民代表大会第一次会议的出席证 / 53

王进喜"五讲"题词及签名的《毛主席语录》/ 56

王进喜题为《我们是怎样提高钻井速度和质量的》的发言稿 / 60

全国工业交通工作会议、全国工业交通政治工作会议报告会入场券 / 63

中共大庆委员会政治部制作的《1966年铁人王进喜在全国工业交通工作会议上的讲话录音》磁带 / 66

王进喜题写"读一辈子毛主席的书"及签名的笔记本 / 68

王进喜参加中国共产党第九次全国代表大会的出席证 / 70

王进喜参加中国共产党第九次全国代表大会时用的铅笔 / 73

王进喜参加玉门会议的介绍信 / 75

王进喜住院期间使用过的牙具、毛巾 / 78

王进喜住院期间穿过的衬衣 / 81

第二章　荒原作证

王进喜工作时戴过的铝盔 / 84

王进喜到大庆打第一口油井——萨55井时使用过的刹把 / 87

王进喜到大庆打第一口油井——萨55井时使用过的"三刮刀"钻头 / 90

王进喜搬运钻机时使用过的撬杠 / 93

王进喜使用过的马灯 / 96

王进喜打井时使用过的"牙轮"钻头 / 99

1205钻井队使用过的B型吊钳 / 101

松辽石油勘探局运输处名签 / 104

二区队转业军人明细表 / 107

大庆油田首车原油外运时指挥机车使用过的红、绿信号旗 / 109

"五级三结合"会议出席证 / 112

通信人员野外使用过的电话查线机 / 115

油建十一中队工人野外施工使用过的手摇钻 / 117

"五把铁锹闹革命"的发起人之一吕以莲使用过的铁锹 / 120

1202钻井队第二任党支部书记韩荣华在大庆石油会战期间穿过的秋衣 / 122

第三章　朴素情怀

王进喜为母亲购买的毛毯 / 126

王进喜送给张秀志的西北土布被面、被里 / 128

王进喜使用过的印有"最可爱的人"字样的搪瓷缸子 / 131

王进喜使用过的两用唱片机 / 133

王进喜送给周正荣的短羊皮袄 / 135

王进喜送给业余秦腔演出队的板胡 / 138

王进喜给著名作家魏钢焰夫妇的回信底稿 / 140

王进喜为工人修鞋时使用过的钉拐子 / 143

王进喜使用过的收音机 / 145

记载"五两保三餐"用的下米账笔记本 / 147

职工使用过的铝饭盒 / 150

宋振明使用过的行军床 / 152

会战职工使用过的金星钢笔 / 157

会战职工食堂使用过的餐盆 / 160

会战职工使用过的蚊帐 / 163

"铁人一口井"井长陈全友穿过的棉工服 / 166

全国工业学大庆会议主席台上使用过的暖水瓶 / 168

第四章　温馨记忆

会战职工使用过的《毛泽东选集》一至四卷 / 172

《战报》合订本 / 175

记载"铁人言行录"的日记本 / 178

刊登《我国石油产品基本自给》的《人民日报》/ 181

刊登《大庆精神　大庆人》的《人民日报》/ 183

录制王进喜讲话的钟声牌810录音机 / 185

李敬日记 / 187

李中石随32111钻井队巡回演讲团在大庆期间的日记 / 191

杨显撰写《深情悼念铁人　永远学习铁人》文章的手稿 / 194

黑龙江省电影发行放映公司发行的《大庆战歌》电影胶片 / 197

刊登《中国工人阶级的先锋战士——铁人王进喜》的《人民日报》/ 201

《初升的太阳》剧本 / 203

黑龙江省电影发行放映公司发行的《石油盛开大庆花》电影胶片 / 206

中国唱片出版社出版的《立井架》《油海长虹》唱片 / 209

李德生院士接受铁人王进喜诞辰 100 周年专项采访时撰写的
　　提纲手稿 / 213

第五章　永恒纪念

傅作仁创作的周恩来总理赠送给王进喜的《葵花向太阳》第一刀原作
　　剪纸作品 / 218

傅作仁创作的《大庆赞歌　周恩来总理三访大庆》剪纸作品 / 221

傅作仁创作的《老一辈的心愿　朱德委员长董必武副主席赞扬大庆精神》
　　剪纸作品 / 225

大庆军事管制委员会任云峰写给王进喜的慰问信 / 227

黑龙江省革命委员会主任潘复生给王进喜的信 / 230

康世恩写给王进喜的慰问信 / 233

冯建辛创作的《铁人》连环画手稿 / 236

华君武题写"人民诗人王进喜"的书法作品 / 238

董加耕题写"当年相遇在北京，今见大庆更外亲……"的留言 / 241

焦力人题写"铁人精神代代传"的书法作品 / 243

李敬题写"弘扬铁人精神"的书法作品 / 246

陈烈民题写"大庆精神铁人精神永放光芒"的书法作品 / 249

温家宝总理题写"铁人王进喜纪念馆"馆名的书法原稿 / 252

秦咏诚题写"'我为祖国献石油'是铁人给我的创作激情"的
　　书法作品 / 255

宋振明摆放在办公桌上的铁人塑像 / 258

鲁迅美术学院张秉田创作的"铁人'九大'归来"《奋进》雕像 / 261

铁人广场主题雕塑《铁人王进喜》定稿模型 / 263

林树壮、王驰涛创作《铁人十曲》的微雕石刻 / 265

石油大会战工委颁发的"一九六一年大会战一级五好红旗手"奖状 / 275

中共松辽石油会战工委向参加石油会战职工颁发的
　　"五好红旗手"奖章 / 278

大庆石油会战纪念章 / 281

"工业学大庆 学铁人标兵"铝制奖章 / 284

大庆油田开发建设35周年暨5000万吨稳产20周年纪念币 / 286

铁人老战友缅怀铁人的签名条幅 / 288

纪念铁人王进喜诞辰80周年万人签名条幅 / 291

第一章

铁人风范

物见铁人

王进喜参加全国工交群英会戴的前进帽

【文物年代】1959 年

【文物级别】国家一级文物

【文物编号】DQT0408

【文物尺寸】直径 26 厘米

文物背景

此文物是1959年王进喜参加全国工交群英会时戴过的，由王进喜的弟弟王进邦捐献。它是王进喜参加群英会，看到北京公交车顶上背着煤气包，在沙滩街头落泪的见证，由此我们也看到了一位优秀中华儿女的忧国忧民之心。

故事链接

据捐献者王进邦介绍："这顶帽子是1963年我到大庆工作时，我哥哥王进喜送给我的。他告诉我这是他1959年参加国庆观礼与全国劳动模范王崇伦一起登上天安门时戴过的帽子。这顶帽子我一直珍藏着舍不得戴。"

新中国成立前，王进喜家贫穷，难得有一身像样的衣服。新中国成立后，他成为新中国第一代钻井工人，穿上了整洁的工作服。这让王进喜第一次感到了一种做人的尊严。但是穿上一身中山装、戴上一顶崭新的前进帽，还是国庆十周年到北京开会的时候。

1959年10月，王进喜被选为国庆10周年观礼代表和全国工交群英会代表。来京前，组织上特意给他做了身中山装和这顶前进帽。这身新的行装，让王进喜容光焕发，精神抖擞。气宇轩昂、精神饱满的王进喜代表着大庆人的形象。

在北京期间，王进喜一直戴着这顶前进帽出席会议、参加观礼、参观市容。戴前进帽的王进喜，已经成为人们熟悉而又亲切的形象。

国庆节这天，在天安门城楼上，他戴着这顶前进帽见到了伟大领袖毛主席。

回到工作岗位上，王进喜是不舍得经常戴这顶前进帽的，只有在钻台之外，或者参加一些重要会议或重要活动，才舍得戴上它。

对王进喜来说，这顶帽子完美

地体现了他的不甘落后、事事争第一的性格。他的一生都在为石油事业不断追求着,向着他心中的目标前进着。

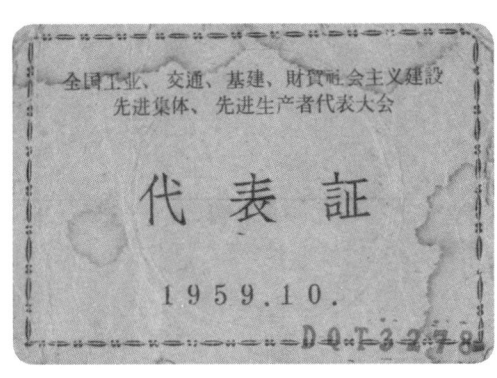
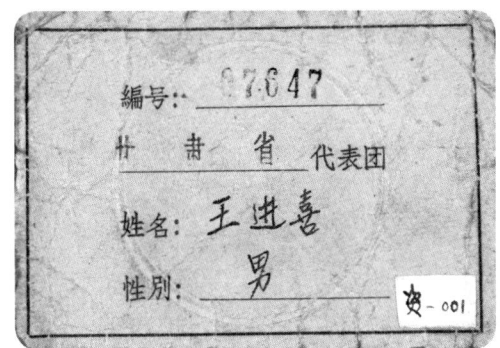

王进喜参加全国工交群英会的代表证

第一章　铁人风范

【文物年代】1959年10月
【文物级别】国家一级文物
【文物编号】DQT3278
【文物尺寸】长12厘米，宽9厘米

05

文物背景

代表证是1959年10月26日王进喜参加全国工交群英会时用过的，由王进喜家人捐献。它见证了王进喜参加群英会的盛况，具有一定的收藏价值和理论研究价值。

故事链接

1959年9月，在甘肃省劳模会上，王进喜被推举为国庆观礼代表。同时被推选为"全国工交群英会"代表。

10月26日，"全国工业、交通运输、基本建设、财贸社会主义建设先进集体、先进生产者代表大会"在北京隆重开幕，中共中央副主席朱德代表中共中央致祝词，国务院副总理李富春作了题为《高举党的总路线红旗，为社会主义建设事业继续跃进而奋斗》的报告，薄一波、谭震林、李先念、陆定一、胡耀邦等出席大会并讲话。坐在繁星万点、灯火辉煌的人民大会堂，听着国家领导人的讲话，王进喜心里热浪翻滚。他文化程度低，记不了笔记，就认真听，往心里记。

会议期间，王进喜除了听大会发言，参加小组讨论，还参观了首都"十大建筑"，并与"钢铁钻井队"代表、3219钻井队队长孙德福一起应邀到清华大学、北京石油学院、北京地质学院等大学作报告。

会上发了两样奖品：一件是三卷《毛泽东选集》。从那时开始，王进喜有了自己的书，并开始了毛主席著作的学习；另一件是一支英雄金笔。王进喜想，我不大会写字，看来组织上是在鼓励我，我得学会写字才是。

一天下午休会，王进喜和几位代表上广场去看天安门，随后又参观故宫。参观完故宫，从神武门出来，几个人商议再去王府井看看，就顺着景山前街来到"五四"大街上。几个人边走边聊，很快就来到北大红楼附近的沙滩。首都的一切对王进喜都是新鲜的。他这瞅那看，眼睛有点不够用，慢慢地注意力集中到来来往往的汽车上。他看到公共汽车上背着一个个大包袱，又笨又难看，走得也很慢，有些不解，就问身边的一位同志："汽车上背的是个啥？"

"煤气包！"那位同志回答。

"背那家伙干啥？"王进喜又问。

"里边装的是煤气，用来烧的嘛！"

"那为啥不烧油呢？"

"没有油嘛！"

啊！连首都都没有油用啦！王进喜大吃一惊，头嗡地一下大了起来。他再也不问了，无力地走到路边蹲了下来，好像忘记了别人的存在。

他猛然醒悟到自己的想法和看法有点不对头。在玉门，自己感到油很多，但几天来群英会上的情景一幕幕地浮现在眼前。

——很多代表在发言中都讲到因为油少，影响了本地区经济的发展，甚至大声疾呼，要求石油部门多产油。代表们讲到很多单位用油得定量，像粮食、棉布一样凭票供应……

自己真浑啊！听说油定量还不知羞耻地问人家"油也不能喝，还定什么量"。国家缺油啊！连首都——毛主席住的地方、党中央所在地、全国的指挥中心都没油用，汽车背上煤气包。国家这么难，我们搞油的人，自己身为钻井队长，还是什么先进，有什么脸见人，真是有愧啊！

想到此，两行泪水从眼眶里流了下来。他用扶刹把的大手去擦，但也止不住。他索性不擦了，任由它往下流。

从此，这个"煤气包"沉甸甸地压在王进喜的心上，成为他后半生为国分忧、为民族争气的思想动力之源。

物见铁人

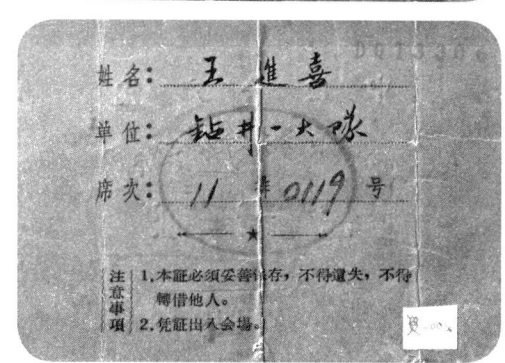

王进喜参加中国共产党玉门石油管理局地质勘探公司第二届代表大会的代表证

【文物年代】1960年2月21日
【文物级别】国家一级文物
【文物编号】DQT3306
【文物尺寸】长11.5厘米，宽8厘米

文物背景

1960年2月21日，王进喜参加中国共产党玉门石油管理局地质勘探公司第二届代表大会的代表证于1991年10月15日由大庆展览馆拨交铁人王进喜纪念馆。该证为红色、卡片式，正面印有编号，背面写有"姓名：王进喜；单位：钻井一大队；席次：11排0119号"，是铁人王进喜参加会议时戴过的，具有很高的收藏价值、史料价值和研究价值，对于研究铁人王进喜的人生经历提供了最直接的证明材料。

故事链接

王进喜成为我国新一代钻井工人后，以主人翁的责任感和自豪感投入工作。1951年，在支援"抗美援朝"捐献活动中，甘肃玉门油矿职工捐献了1架"石油工人号"战斗机，王进喜有幸也是其中一员。1953年，他因工作踏实，为人正直，被提为钻井队司钻。1956年4月29日，对他来说是极不平凡的一天，他光荣地加入了中国共产党；同年6月，因为工作突出被提为钻井队队长。这一年的11月，他提出了一个整体搬运井架的设想，并带领工人经过反复试验，首创了钻机整拖搬家法，大大地提高了生产效率，减轻了工人的劳动强度。到当年底，他领导的贝乌5队全年进尺上万米，一举跨入先进钻井队的行列。1957年，他向全矿职工发出"增产节约"的倡议，靠修旧利废坚持打井，完成全年生产任务，受到石油部领导的表扬。1958年7月，在白杨河钻井会战中，王进喜提出了"月上千，年上万，钻透祁连山，玉门关上立标杆"的口号；9月，他带领贝乌5队创出月进尺5009.3米的全国钻井最高纪录；到年底，贝乌5队年打井超20000米。他因工作突出，参加了国庆十周年观礼，第一次见到了毛主席，并于1959年10月26日至

11月8日，在北京参加全国工交群英会。

这个代表证是王进喜1960年2月21日参加玉门石油管理局地质勘探公司第二届职工代表大会的证明，恰逢他参加大庆石油会战前夕，具有十分重要的意义。

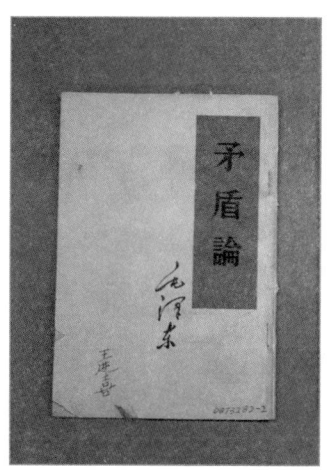

王进喜带领工人学习的『两论』单行本

【文物年代】1960年4月
【文物级别】国家一级文物
【文物编号】DQT3170
【文物尺寸】长18厘米，宽13厘米

文物背景

王进喜学习用过的毛泽东著作《矛盾论》和《实践论》单行本，是20世纪60年代初会战职工学习"两论"，用"两论"的立场、观点和方法解决会战全部工作的见证，体现了铁人思想积极要求进步，文化理论水平不断提高，不单是实干家，还是思想家。

故事链接

大庆石油会战，是在困难的时候、困难的地方、困难的条件下展开的。这"三难"主要表现在：一是国家处于困难时期，外有两个大国的经济封锁，内有三年自然灾害，物力财力有限，粮食供应紧张；二是会战的主战场——萨尔图地处高寒地区，遍地是荒原、泡泊、沼泽和盐碱滩，冬季长达7个月，最低气温零下三四十摄氏度，冻土层厚达2米。冬季严寒，夏季多雨，春秋多风。几万人一下子集中到这个人烟稀少的荒原上，"头上青天一顶，脚下荒原一片"，没有大城市和工业发达地区做依托，各项物资供应和后勤保障暂时跟不上，生产生活都极端困难；三是1960年三四月份仍是冰天雪地，五六月份又阴雨连绵，也给生产建设和人们的生活造成极大的困难。

面对极端困难和恶劣环境，要高速度高水平开发国内第一大油田，没有现成的经验可循。为此，石油工业部党组做出了《关于学习毛泽东同志所著〈实践论〉和〈矛盾论〉的决定》。并从北京的书店买来《矛盾论》和《实践论》单行本，发放到会战职工手中，号召职工积极学习毛主席的"两论"，用"两论"指导工作实践。广大会战职工积极响应，全油田迅速掀起了学"两论"的热潮。

王进喜对抽象的哲学概念不懂，但他喜欢让队里来实习的大学生用通俗的语言讲解给他听。白天工作没有时间学习，他就利用晚上时间学习。通过学习和听辅导，他对"矛盾规律""实践第一""掌握第一手资料"等抽象哲学概念都有自己的理解和认识。他说："这困难，那困难，国家缺油是最大的困难；这矛盾，那矛盾，国家建设等油用是最主要矛盾。"这就是铁人王进喜对"矛盾运动规律"的认识。"干，才是马列主义；不干，半点马列主义也没有。"这就是铁人王进喜对"实践第一"观点的理解。

在"两论"思想的指引下，以铁人王进喜为代表的会战职工不等不靠，以超常规的办法战胜了一个又一个难以想象的困难，当年生产原油 97.1 万吨，占全国原油总产量的 18.6%，为改变我国石油工业落后面貌作出了积极的贡献。

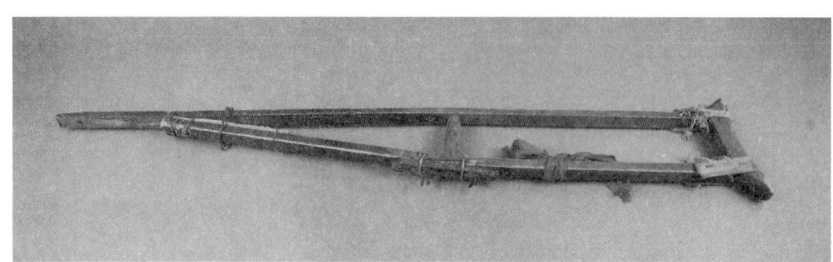

王进喜受伤后使用的拐杖

【文物年代】1960年

【文物级别】一般文物

【文物编号】DQT0864

【文物尺寸】长110厘米，宽20厘米

文物背景

这只拐杖是王进喜带领1205钻井队参加大庆石油会战期间，在打完第一口生产油井，往第二口井搬家的过程中，右腿被滚堆的钻杆儿砸伤时使用过的，是铁人为早日实现我国原油自给"宁肯少活20年，拼命也要拿下大油田"的见证，具有独有性，有一定的历史价值和收藏价值。

故事链接

1960年4月29日，1205钻井队在往第二口井搬迁时，王进喜正在全神贯注地指挥放井架子，突然，钻杆滚堆，铁人被砸倒了。大家七手八脚抬开钻杆，抱起队长，大声呼喊，见队长晕了过去，几名青工吓得哭了起来。几分钟后，铁人醒过来了，他忍着钻心的疼痛，镇定自若，工人们忙从他的衬衣上撕下一块布条为他包扎好伤口。铁人对大家说："现在正是打井拿面积的要命时刻，领导要知道我受了伤非得叫住院不可，所以咱们定一条纪律，我受伤这事不准向外讲，特别是对上级领导更要绝对保密。"

可是，当天上午10点，会战指挥部要召开石油大会战誓师大会，即万人大会，王进喜还要披红戴花接受全场检阅。他简单安排一下井队搬迁的工作，就带几个人去参加大会。没走几步就疼得要命，指导员孙永臣只好找老乡借来了马车，让队长坐在车上，并指定4个人照顾好队长。

会场设在离萨尔图火车站不远的草原上，铁人来到会场，这里已是人头攒动、彩旗飘舞、锣鼓喧天。临时搭建的主席台正中悬挂着毛主席的巨幅画像，画像两边是鲜艳的五星红旗。会场周围插着彩旗、摆放着报捷的图表和模型，各探区的代表列成方队，席地而坐，秩序井然。

上午10点整，以红旗和锣鼓队为先导，17个一级红旗单位、14个先进集体、233 名红旗手的代表在震撼山河的礼炮声和雄壮的"社会主义好"的军乐声中步入会场。王进喜披双红、戴大花骑在一匹枣红色的高头大马上，由探区领导牵马引镫，从松枝搭成的"英雄门"进入会场。全场顿时响起"向铁人王进喜学习！""向铁人王进喜致敬！"的口号声，锣鼓声唢呐声震天动地。铁人骑马绕场一周后，被安排在主席台就座。坐在主席台上的王进喜害怕暴露伤情，他忍着剧痛，一动都不敢动，豆大的汗珠从脸上滚了下来，身旁的领导小声问他怎么了？他强装笑容说天太热啦！

铁人在大会发言时，面对万人发出了"宁肯少活 20 年，拼命也要拿下大油田！"的铮铮誓言。这不是一句口号，而是铁人发自内心的呐喊。

为了让队长既能工作，又能养伤休息，几个工人在排好的套管上铺上厚厚的羊草和老羊皮，搭了一个特殊的铺位，让队长累了就休息一会儿。

实习生刘天爵和李国宝用木料为队长做了一副简易拐杖，让他在井场上指挥时拄着。一些小青年还自动担负起"盯人放哨"的任务，不断地向四周瞭望，一旦发现有人来，就通知队长，让他做好准备。孙永臣还叫管理员刘锦明去找来药品和纱布，及时给队长换药治伤。

要封锁消息，别人好办，不说就是了，可苦了王进喜自己。没外人时，他就放心大胆地拄着拐杖在井场上跳来跳去地指导工作，有时实在疼得厉害了，就吼几声号子，吼几句秦腔挺过去。可一旦有外人或领导来，他就得藏起拐杖，装作没事一样地和人家谈工作，汇报情况，每次都疼得他豆大的汗珠往下流。

有一次，石油工业部副部长康世恩到井上来了解情况。幸好工人们先得到了情报，王进喜把伤腿用棉裤遮住，把双拐藏进套管中用老羊皮袄盖好，从容镇定地给康部长汇报，还领着他到处参观了一遍。康部长对 05 队工作很满意，表扬队长抓得紧、工人干得好，最后微笑着同大家握手离去。部长一走，工人们赶快上前把队长扶住，搀回铺上休息。

事后，康世恩在一次会上当着几千人对王进喜说："你老铁封锁可真厉害，把我糊弄住了，很长时间不知道。说明你是铁人挺得住，也说明你们队人心齐瞒得好。"

由于没能得到及时治疗，铁人的伤情越来越重。支部书记孙永臣劝不了铁人，就偷偷找三探区的指挥宋振明做了汇报。宋振明连连说自己真官僚，这个05队工作组长咋当的，表示一定要接铁人去住院。

这一天清早，宋振明来1205钻井队井场检查工作。坐在铺位上抽烟休息的王进喜不小心打了瞌睡，被工人们叫醒后慌乱地把拐杖藏进套管又用老羊皮袄盖好。宋振明把这一切都看在眼里，在内心里说这是何等的觉悟啊，眼睛里迸出了泪花。他直接走到王进喜跟前坐在铺上说："我今天就在这听你汇报。"王进喜汇报得很具体，宋指挥也听得很认真，边听还边做了记录。听完汇报后让王进喜休息，跟着孙永臣到各处看了看，然后回来对王进喜说："队上工作不错，你可以放心地跟我走了。老王呀，我们领导上对不起你，叫你受苦了。走吧，跟我去住院。"王进喜说："好好的住什么院！"宋振明弯腰掀开老羊皮袄，从套管里拿出那只拐杖说："你也把我们封锁得够厉害！别再隐瞒了。将来日子长着呢，养好伤也是为了会战！走吧！"

在领导和同志们的劝说下，铁人住进了当时的萨尔图人民医院。经诊断为右小腿骨折，大夫彭文江、卫生员冯世忠立即给铁人做了接骨固定，准备为他好好治疗，可王进喜在医院睡了一觉就趁医护人员不备，偷偷到路边截了辆车回到了井场。领导知道了，决定送他到远点的齐齐哈尔住院。哪成想，没住两天他又在一个雨夜跑回来了。队友们看到拄着拐杖归来的王队长，浑身被雨水淋得透湿，腿上的纱布也被泥水浸透，都心痛得流下了眼泪。

物见铁人

王进喜跳泥浆池时穿过的棉工服上衣

【文物年代】1960年

【文物级别】国家一级文物

【文物编号】DQT3266

【文物尺寸】衣长70厘米，胸围109厘米

文物背景

此文物是王进喜参加大庆石油会战打第二口井700米处突发井喷，跳泥浆池搅拌泥浆时穿过的，由王进喜的家人捐献。它见证了王进喜在国家的财产即将受到严重损失的关键时刻，不顾受伤的右腿，不顾个人安危，纵身跳进泥浆池里搅拌泥浆，制服井喷的英雄形象。

故事链接

这件俗称"48道杠"的棉工服，是王进喜于20世纪60年代初期穿过的。蓝色斜纹布面，白花旗布里，里和面都有钻井泥浆浸过的痕迹。

目睹这件棉工作服，人们自然会想到，铁人王进喜为了制服井喷，身穿这件衣服，奋不顾身地跳进泥浆池，用身体搅拌泥浆的动人情景。

那是1960年5月初，当铁人带着腿伤指挥1205钻井队打第二口井钻至700米浅气层时，突然发生了井喷，强大的高压液柱把方补心顶出井口十几米高。情况万分危急，如不赶紧压制住喷涌而出的油龙，井架设备就有可能陷入地下，造成井毁人亡的严重后果。

要制止井喷，常规的办法是用重晶石粉压井，但在当时的条件下，井场上还没有备重晶石粉。王进喜一面派人通知全队集合，一面叫司钻无论如何不能停钻。人员集合后，大家商量压井办法。一位上级驻队技术干部说："现在情况危急，需要迅速去安达联系重晶石粉来压井……"

王进喜一听就急了，他大声吼道："等你调来重晶石粉，钻机早就掉到地球里去了。"

油井越喷越猛，吼声震耳欲聋。

有人提出往泥浆池里加水泥和黄土可以提高泥浆相对密度，可又怕水泥"灌肠"把井堵死。

情急之下王进喜果断地说：

"现在保井保设备要紧，水泥凝固要20几个小时，我们压住井后及时循环就不会灌肠。"

方案确定以后，大家立即把水泥倒进泥浆池里，可是现场没有搅拌设备，大量的水泥很快沉入池底，难以在短时间内有效融合，不但比重提不上来，还糊住了池底的泥浆循环管的管口。

在这千钧一发之际，王进喜不顾腿伤，甩掉拐杖，"噗通"一声跳进冰冷刺骨的泥浆池中，用带伤的血肉之躯搅拌泥浆。

队长的行动就是命令！司钻戴祝文、丁国堂，钻工许万明、杨天元、张志训紧跟着跳了下去。四川石油学院来井队实习的女大学生段功武被眼前英雄的壮举震撼了，也纵身跳入泥浆池。大家奋力划动双臂搅拌泥浆。泥浆管畅通了，泥浆比重提升了，高比重泥浆在两台高压大泵的怒吼声中被强力注入地下。

经过3个多小时的搏斗，井喷终于被压住了，钻机和油井保住了，可是，他们每一个人的脸上、手上和脚上，都被泥浆里的火碱烧起了连片的水泡。王进喜伤腿上的绷带已不知去向，伤口被泥浆浸泡得血肉模糊，疼痛难忍。大家刚把队长拉上岸，他就昏倒在了泥浆池旁。看着疲惫不堪并被泥浆烧得周身多处起泡的老队长，大家难过得落了泪。

铁人王进喜带头制服了井喷，1205钻井队的井越打越顺，仅用4天时间就打完了第二口井，还创造了班进尺335米、日进尺535米的会战最高纪录。

第一章 铁人风范

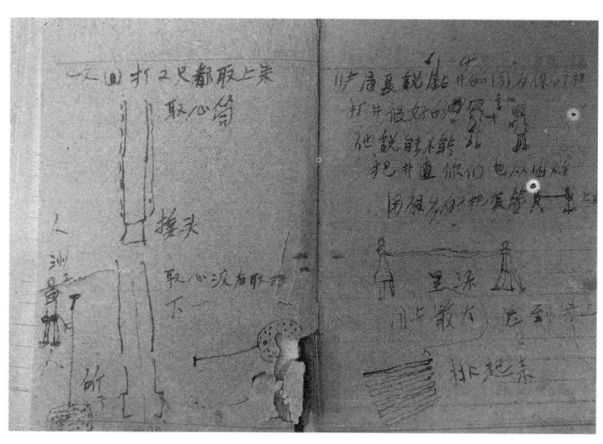

王进喜使用过的内容为『指挥生产写的象形文字』的笔记本

【文物年代】1960 年
【文物级别】国家一级文物
【文物编号】DQT3268
【文物尺寸】长 14.3 厘米,宽 11 厘米

物见铁人

文物背景

王进喜工作和学习用的笔记本，表现了王进喜勤奋好学，不断追求进步的优秀品质，由王进喜的家人捐献，极具保存价值和研究价值。

故事链接

这是铁人王进喜纪念馆仅存的一本王进喜在1960年3月至1961年5月期间用过的笔记本。现存63页，其中34页有文字记录，都是王进喜的亲笔手迹，大部分是钻井工作记录以及来大庆油田参加石油会战的决心和有关事情。

翻到第9页，人们可以清楚看到记载着1960年3月，他从玉门油田来大庆油田参加石油会战，途经北京，在石油工业部受到部领导康世恩接见及当时他本人的心情。尤其感人的是，在第10页记载着1961年4月，原新疆石油管理局局长，时任大庆会战工委领导成员之一的张文彬同志的讲话，由于一些字写不上来，王进喜以谐音字、图画符号等形式代替。

王进喜自幼家境贫寒，无缘上学读书，解放初期在玉门油田时上了几天速成班。当了干部以后，为了进一步适应工作需要，他以顽强的毅力学习文化。他说："我识字不多，开始读毛主席的书困难很多，我就把不认识的字描在小纸片上，带在身边，逢人便问。我想，我多学一个字，就是搬掉一座小山，我要翻山越岭去见毛主席！"这种"识字搬山"精神是铁人精神的重要组成部分。

正是依靠这种"识字搬山"精神，铁人刻苦学习文化，从斗大的字不识一箩筐的文盲，发展到不仅能阅读书刊报章、做会议记录、起草文稿提纲，而且能在各种会议上作长篇报告。更可喜的是，他的文学素养也得到了很大的提高，他编写的诗歌有着鲜明的特色。如："石油工人一声吼，地球也要抖三抖；石油工人干劲大，天大困难也不怕！"不仅表现了他的博大胸襟，而且生动地反映了他藐视困难、一往无前的大无畏英雄气概。铁人的诗歌，当年极大地鼓舞了参加石油会战的广大干部群众，而且被几代人歌咏、传颂。

正是依靠这种"识字搬山"精神，铁人努力学习马列主义、毛泽东思想，并且身体力行马列主义的立场、观点、方法，促进自己的理论修养和工作水平不断提高。他的境界也得到了高度升华，不仅从一名石油工人成长为工人阶级的先锋战士，而且成为一名党的杰出干部，中华民族的英雄。

正是依靠这种"识字搬山"精神，铁人顽强地学习钻井技术，1960年7月破格晋升为钻井工程师。工作中，他勤奋学习，勇于实践，创造了一个又一个钻井史上的奇迹。1958年，他和他的队友们在玉门油矿创造了月进尺5009.3米的全国最高纪录，次年又打出了7.1万米的全国年进尺最新水平。20世纪60年代中期，在他的组织领导下，1205钻井队和1202钻井队双双突破年进尺10万米大关，把美苏的"王牌钻井队""功勋钻井队"远远抛在了后面，大长了我国石油工人的志气。

斯人虽去墨迹在，精神常存启后人。透过这个笔记本的字里行间，人们不仅看到了铁人刻苦学习文化技术知识的情景，而且强烈地感受到了他那顽强的毅力、钢铁般的意志和不屈不挠的精神。

王进喜巡井时骑过的摩托车

【文物年代】1956—1970年

【文物级别】国家一级文物

【文物编号】DQT3264

【文物尺寸】长195厘米，宽64厘米，高105厘米

文物背景

该文物为确贝尔-125型摩托车，匈牙利制造，是王进喜担任大队长期间，深入钻井生产一线，检查和指导工作的见证，由当年大庆油田钻井指挥部生产二大队捐献的，有很高的收藏价值。

故事链接

这台两轮单缸摩托车为确贝尔-125型，原产于匈牙利。20世纪50年代后期，王进喜在玉门油矿时自费公助购买的；1960年3月，王进喜从玉门赴大庆参加石油会战时将它带到了大庆。

大庆石油会战初期，条件艰苦，物资缺乏，设备不足。当时，卡车、吉普车很少，油田面积大，工作现场和生活区都相距很远，无论是开会、上井，没有车辆就无法进行。铁人王进喜就用这台摩托车去指挥部开会或上井取送小型钻具、零件等材料。有了这台小摩托车，解决了不少实际问题。

1961年2月，王进喜被任命为钻井指挥部生产二大队大队长。当时，生产二大队管理着12个钻井队，分散在百里油田。无论白天黑夜、严寒酷暑，他经常骑着这辆摩托车深入各个井队，调查研究，检查工作，解决问题，几乎跑遍了百里油田的每个角落。工人们说："'老铁'当井队长蹲井，围一个钻台转，现在当了大队长跑井，围着十几个井队转。井是他的家，油是他的命！"工人们把王进喜这种求真务实的工作作风称为"跑井"，亲切地称这辆摩托车为"小黑兔"。

1205钻井队在打完第一口井搬家时，王进喜的右腿不小心被钻杆砸伤，因为平时发动摩托车时都是用右腿，这回腿伤了，没法发动摩托，他就叫工人们发动好，他再骑上走。他还对人开玩笑说："天王老子专和我作对，小时候要饭被狗咬、进矿被铁板砸都是伤的右腿。这回受伤又是这条'发动腿'，你说怪不？"在场的人听了又是敬佩，又是心疼，谁也笑不出来。

石油会战的那个年代，设备物资紧缺，铁人跑井时处处留心，哪个队有什么特殊工具，哪里有生产所需的紧缺配件等，他都心里有数。那时候，在大队生产会上经常发生这样的事情，井队要开钻却由于缺少某个配件或材料而憋得嗷嗷叫。这个时候铁人总是能准确告诉他们到哪个队的什么地方去找。有的小青年搞恶作剧，故意在调度会上说缺这个少那个，试探大队长，铁人王进喜一说哪里有，你去找保证不会扑空，屡试屡灵，经得住考验。

铁人骑着这辆摩托车"跑井"，跑出了队伍的凝聚力，跑出了生产的高效率，也跑出了铁人的人格魅力。

1961年4月20日，大庆石油会战领导成员之一的张文彬同志亲自责成总调度室给王进喜调拨了一台美式"威利斯"吉普车，此后，王进喜才不常骑这辆摩托车了。

该车保留至今，曾有过一段曲折的经历。平时，这台车大部分时间都放在单位或家里。在特殊历史时期初期，王进喜受到冲击，他的老队友周正荣同志曾经把它放在自己家里代为保管。1967年1月后，当时一个群众组织将该车强行接管。后期，这台车辗转到了钻井指挥部生产二大队保养站。王进喜逝世后，大庆在"铁人一口井"旁兴建了铁人王进喜同志事迹陈列展览室，展览筹备组的王仲荣等三位同志于1971年5月7日到生产二大队保养站征集到这台摩托车。

2009年，电影《铁人》的结尾，吴刚主演的铁人就是骑着这样的摩托车道具，驮着新时期的工人刘思成，在一望无际的草原上奔驰。这种超越时空的情节处理，仿佛让我们看到了铁人为了发展祖国的石油工业，依然风尘仆仆地驾驶着它，驰骋在广阔油田上的伟大身影。

王进喜当大队长时使用过的工具袋

【文物年代】1961 年
【文物级别】国家二级文物
【文物编号】DQT3280
【文物尺寸】长 41.5 厘米、宽 40.5 厘米

文物背景

这个工具袋系大庆展览馆从八百垧王进喜家征集，于1991年10月转交铁人王进喜纪念馆。

故事链接

石油会战年代，工人每天工作时一般都背着个工具袋。工具袋里常用的工具一般有锤子、扳手、螺丝刀、钳子等。这些常用工具在生产中是离不开的。王进喜上任生产二大队大队长后，一般是不需要亲自动手干活的，也就不需要再背工具袋。但他虽然当了领导，仍然把自己当作一名钻工看待。他说："我当了干部，仍然是个工人。"因此他上井检查工作时，仍然坚持背着工具袋。

生产二大队分管的12支钻井队来自一探区、二探区、三探区，有玉门、新疆、四川、青海的，还有老松辽局的，分散在百里油田的各个角落。王进喜从上任的第一天起就一个队一个队地了解情况。开过第一次生产会后，他自己首先带头跑井。大队一无汽车、二无电话，他就身披老羊皮，肩背工具袋，怀揣笔记本，带着炒面袋儿，骑着摩托车一个井队一个井队地跑。只要天气好路上积雪少，他就骑上自己心爱的摩托车跑，还可以带上技术员一起跑。背上工具袋，一旦到井上需要检修设备，身上有工具，他马上可以投入工作，省时省力。

1262钻井队的老钻机经过一年多的超常苦战，设备器材损耗较严重。王进喜就三天两头来这个队参加劳动，和工人们一起维修保养。经常是几天几夜不回家、不睡觉。他抓住机修这个关键，发现问题一盯到底，跟着工人看着他们操作，不会的还要手把手地教。有大队长跟着大家一起干，很多工人都自动加班加点不离开钻台和机泵房；队长薛云胜曾连续四昼夜不下钻台不睡觉；技术员严世才也盯在井上解决技术难题。由于大家干劲大，抓得紧、修得快，1262钻井队用这台老钻机3月份一开钻就打出了新水平，4月份又实现了"三开三完"，口口井质量合格，首创4小时30分"拆搬一扫光"的最高纪录，到6月份累计进尺8585米，第一次被评为一级红旗单位，由一个一般队一下子就跃入了先进行列。由此人们把1262钻井队称作"王铁人二队"，严世才被评为南线的技术员标兵。

王进喜在这个队蹲点抓机修的经验被总结为"抓住（关键）、盯住（问题）、跟住（班）"的六字工作法刊登在《战报》上，在全油田推广。

经过全大队的努力，生产二大队各钻井队钻井速度都有不同程度的提高，大队机关工作也逐步摸清了门路，走上了正轨。

这个工具袋在当时铁人跑井过程中发挥了极其重要的作用。

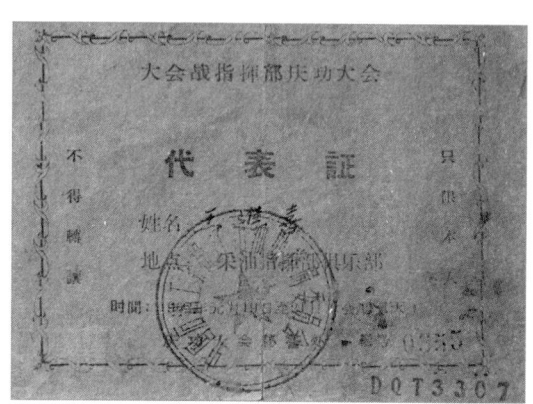

王进喜参加大会战庆功大会的代表证

【文物年代】1962年1月19日
【文物级别】国家一级文物
【文物编号】DQT3307
【文物尺寸】长12.5厘米，宽9.2厘米

文物背景

此文物系铁人王进喜纪念馆成立后,1991年10月15日由大庆展览馆拨交的。该证单面有字,印有王进喜、参加会议时间、地点编号0355。1962年1月19日,大会战指挥部召开庆功大会,王进喜光荣参加。这件文物,对于研究铁人王进喜在大庆石油会战的工作履历有着十分重要的作用。

故事链接

1960年2月20日,石油工业部组成石油会战领导小组和会战领导机关,从全国石油系统37个厂矿、院校抽调精兵强将组成了参加会战的石油队伍,于3月至4月间相继抵达大庆,当年退伍的3万名解放军战士和3000名转业军官也陆续到达会战前线,到4月份,大庆已集结4万多人。石油工业部部长余秋里、副部长康世恩等亲临现场指挥。

1960年4月29日,在萨尔图地区召开了石油大会战誓师大会,一场声势浩大的石油大会战从此开始。

大庆石油会战是在困难的时候、困难的地区、困难的条件下展开的。会战初期,党的临时办事机构——石油工业部机关党委做出的第一个决定,就是组织会战职工联系实际学习毛泽东同志所著《实践论》和《矛盾论》(即"两论"),运用毛泽东思想的立场、观点和方法,统一思想认识,解决会战中遇到的各种困难。以铁人王进喜为代表的大庆石油工人,以高度的主人翁责任感和"有条件要上,没有条件创造条件也要上"的革命精神,攻克了生产、生活上的重重难关,终于把会战打了上去。1960年6月1日,大庆油田实现首车原油外运。到当年年底,仅9个月时间就打井254口,总进尺29.3万米,为国家生产原油97.1万吨,收回投资29%,取得了令人瞩目的成就。

铁人王进喜带领的 1205 钻井队，9 个月交井 19 口，总进尺 21258 米，完成的井数和进尺占到全油田总量的 7.5% 以上，各项纪录都居于领先地位。1961 年，大庆油田通过开展油田开发试验和科学研究，解决了一批重要的科学技术难题，当年生产原油 274.3 万吨，为实现我国石油基本自给打下了坚实的基础。

为鼓舞士气，夺取会战全面胜利，大庆会战指挥部于 1962 年 1 月 19 日召开了庆功大会。王进喜用过的这个代表证对于研究大庆油田的开发建设历史具有十分珍贵的史料价值。

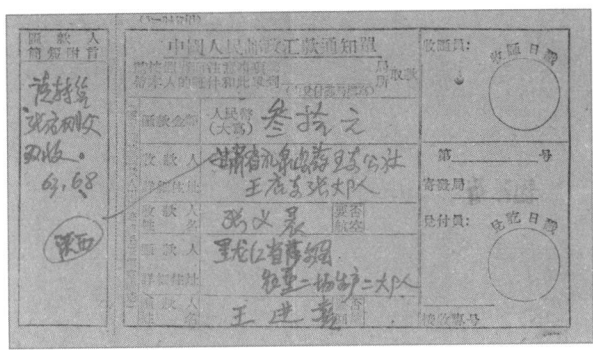

王进喜给张启刚家汇款的收据和写错的汇款通知单

【文物年代】1963年6月8日

【文物级别】国家一级文物

【文物编号】DQT0353

【文物尺寸】汇款通知单长15厘米、宽8.5厘米；汇款收据长13.3厘米、宽4.2厘米

物见铁人

文物背景

汇款通知单和汇款收据是王进喜给因公牺牲的职工张启刚的母亲汇款凭证，体现了王进喜作为领导干部对职工的关爱之情。由曾在王进喜身边工作过的大庆报业集团退休干部孙宝范捐献。

故事链接

1963年6月8日，铁人来到1205钻井队，看见一名工人正蹲在架子上面维修水龙头，连安全带也没系，很不安全，铁人对他提出了严厉的批评。这件事，勾起了铁人对因公牺牲的钻工张启刚的怀念。

张启刚是跟随铁人从玉门来大庆参加石油会战的年轻钻工，活泼好动爱唱秦腔，是1205钻井队的快乐"小精灵"。在井队一次偶发的生产事故中张启刚牺牲了，这也是1205钻井队建队以来的第一次伤亡事故。事故发生时，已当上大队长的铁人王进喜急匆匆赶到井场上。他无法控制自己的感情，发疯般地追打那个当班的司钻。可人死不能复生。在处理后事时，铁人眼含热泪对大家说："启刚连婚都没结就走了，扔下了年近70的父母双亲，他的父母就是我们的父母，我们要把二位老人供养到百年。"说完从口袋里掏出20元钱、20斤粮票交给党支部，嘱咐队里要每月给老人写一封信，定期寄钱和粮票，有探家路过的一定要去看，困难大了就向大队申请补助。在大队长带动下，工人们捐钱，捐粮票，给张启刚父母寄去。

可是，就在这年的秋天，铁人突然接到了张启刚母亲的一封来信，信上说："今年收成不好，生活无着落，希望领导解决。"更让人揪心的是信里面还夹着三根长长的白发。铁人看着来信，手捧白发，眼含热泪，心在发抖，仿佛看到白发苍苍的老母亲在向他要儿子啊！后经调查，让人万万没有想到的是，原来按时给老人寄去的钱和粮票都被别人冒名领走了。在全队会上，铁人自责工作的失误，手里捧着三根白发哽咽着说："世上最悲哀的是白发人送黑发人。启刚走了，我们连张妈妈都养不好，咋能对得起为石油牺牲的同志，三根白发揪我心啊！"会后他亲自和队里商量，要做好几项工作。他说，首先要及时寄钱，寄粮票，寄东西，让老人家生活有保证。他还说钱买不回儿子，安慰不了老人的心，因此要写信要去人看望。最后形成四条决定：一是定期捐钱捐物捐粮票，让专人负责给寄去；二是如遇到大的困难，可以向大队申请补助，及时解决；三是组织张启刚的同乡给老人写信，保证每个人一封，逢年过节一定要有信去；四是凡有探亲路过陕西礼泉的，一定要去看老人，就是绕道也得去。这一次，王进喜又拿出部分现金和粮票，交给了党支部。

从此，王进喜不仅经常过问大队寄补助费和四项工作落实情况，还多次托人给张妈妈捎钱带东西。张启刚堂弟张志训回家探亲，铁人给他20元钱，叫他一定亲手交给老母亲。还另拿10元钱，叫他到北京买些糕点、糖果给老人带去。

一次，孙宝范陪同铁人到萨尔图邮局汇款，在填写汇款单时，把收款地址的陕西省误写成甘肃省，所以又重新填写了一张，才把30元钱汇走。孙宝范回忆当时铁人从邮局要了一些空白的汇款单带回来，说下次在单位写好，防止写错。由此看出，铁人就是这样一个钢筋铁骨、满腹柔肠的人。

王进喜穿过的带补丁单工服套装

【文物年代】20世纪60年代

【文物级别】国家二级文物

【文物编号】DQT3236

【文物尺寸】上衣长73厘米，胸围108厘米，袖长58厘米；裤子长102厘米，腰围86厘米

文物背景

这套带补丁的单工服套装是王进喜于20世纪60年代参加大庆石油会战期间穿过的，是与铁人王进喜有直接联系的重要文物，保存比较完整清洁，具有独有性，研究价值很高，足以见证他艰苦朴素的情怀。

故事链接

1961年2月，铁人王进喜担任钻井指挥部生产二大队大队长，他家共10口人，住在和会战职工一样的干打垒房子里。

当时，为了赡养老母、抚育子女、照顾弟弟妹妹，铁人不敢喝酒，只是工作累了时，喜欢抽支烟。就算这样，为了省钱他还经常买旱烟抽。铁人本人不讲究穿戴，因为常年跑井，所以工作服不离身，别人都说他是属老虎的，"上山下山一张皮"。只不过，他要求工作服干净整洁就行了。他偶尔换一身制服，别人就知道他可能要到北京开会。

孩子们在铁人的影响下，从小就养成了勤俭节约的好习惯。铁人的大儿子王月平谈起往事时说："父亲总是告诫我们，不要乱花一分钱。"

那时候，正值三年自然灾害，粮食定量低，职工吃不饱肚子。为了不给井队增加负担，铁人每次下井队都让爱人把玉米面炒熟，装在袋子里随身带着。不论到哪个井队，赶上开饭时间，他就用开水冲把炒面充饥。井队干部、工人看不过眼儿，就打来饭菜让他吃，铁人拒绝说："现在粮食定量一人一份儿，我吃了，你们吃什么？我不能从你们嘴里抢粮食。"有时他忘记带炒面袋了，就借故走开饿一顿，从不吃井队的饭菜。

通过这件他穿过的带补丁的衬衣，我们可以发现，他是多么勤俭节约，多么艰苦朴素。

王进喜穿过的短款雨衣

【文物年代】20世纪60年代
【文物级别】国家三级文物
【文物编号】DQT0792
【文物尺寸】衣长128厘米,胸围126厘米

文物背景

此件文物是王进喜的遗物，具有独有性，于2004年10月由钻井一公司农工商分公司袁丽荣捐献。它见证了以铁人王进喜为代表的会战职工，在石油大会战中"宁肯少活二十年，拼命也要拿下大油田"的英雄气概，是会战职工艰苦工作条件的真实写照，是展示大庆油田开发建设历程特别重要的代表性文物。

故事链接

进入1960年夏季，天公就不作美，连绵的雨下个没完没了，这给野外施工的会战职工带来了很大挑战。铁人王进喜曾经说过："1960年条件差，气候恶劣，又吃不饱。工人睡下了，我一个人上井架去检查天车，过去是腾腾一口气就跑上去了，可当时连歇三气都上不去。有一次实在感到不行了，我想就是死也要挺直腰杆站着死，不能倒下。可又一想不能死，北京街头'煤气包'没有拿掉，落后帽子没有甩掉，还得干！于是劲又来了！"

进入8月以后，仍是大雨不停，积水不退，蚊虫滋生。钻井生产、工人生活都极其困难。但这难不倒以铁人王进喜为代表的1205钻井队的英雄汉们。

搬上新井，汽车进不去，钻杆都撂在井场外。一场大雨过后，井场积水有半米多深，钻杆都淹在水中。为了保证按时开钻，王进喜就领上王作福、马继瑞、赵元和、任荣汉等连夜从水中往外抬钻杆。大家挽起袖子，双手伸进水中摸找，摸到一根就跌跌撞撞地抬到钻台下。王作福说："队长你腿伤没好利索，又有关节炎，指挥我们干就行了，别抬了。"王进喜说："光指挥不干活，那不成了官僚吗？"他坚持和大家一起抬，一气把100多根钻杆全捞出来抬到井场排好码齐编上号。

井场积水，原来的简易值班房已不能使用。工人们就把4立方米见方的水池侧翻过来立在上面当值班房，开会、填报表、避雨够用。指导员孙永臣说，咱1205队风雪吹吹不倒，大雨浇不发愁，得高高兴兴地和天公斗！他让实习生刘天爵布置一下。刘天爵就用大红纸把1205钻井队8月份的奋斗目标写出来贴在正面铁皮墙上：

全队总动员，
誓与老天争时间。
不怕雨大蚊虫咬，
五开五完定实现！

刚刚布置好，一阵大雨猛浇下来。副队长张学贵忙找一块苫布挂在门口当门帘。这时爱开玩笑的李元海取配件从这走过，就说："咳，咱们的值班房多像个小舞台呀！王队长唱一出吧。"说完把门帘挑开喊："开戏喽！"

王队长也不推辞，站起身润润嗓子，看着墙上标语吼起秦腔："咱们5队总动员，誓与老天争时间……"

豪迈的歌声压过了哗哗的雨声。英雄的1205钻井队就在这豪迈乐观的情绪中展开了战胜天公的大搏斗。

以铁人王进喜为代表的1205钻井队，拼着这种顽强的作风，在极其困难的条件下，9个月交井19口，总进尺21258米，创造了月进尺5466米、日进尺738.24米、班进尺432.98米的当时最高纪录。铁人带领的1205钻井队一个队完成的井数和进尺，占到全油田总量的7.5%以上。这件雨衣就是当时王进喜带领会战职工战胜雨季，为油拼搏的象征。

王进喜使用过的铁质餐具

第一章 铁人风范

【文物年代】20 世纪 60 年代

【文物级别】国家二级文物

【文物编号】DQT3235

【文物尺寸】饭勺长 15 厘米，勺把长 9 厘米；左侧白色饭盆，直径 18.5 厘米，高 7 厘米；右侧蓝色饭盆，直径 20.2 厘米，高 7.5 厘米；饭叉长 23 厘米，宽 8 厘米；汤勺长 19.8 厘米，勺口直径 9 厘米

41

文物背景

王进喜出身贫苦，参加工作后一直保持着朴素的劳动人民本色。这套文物保存比较完整，种类多样，具有独有性，研究价值很高，是与铁人王进喜有直接联系的重要文物，见证了以他为代表的大庆石油会战勤俭节约、艰苦朴素的精神。

故事链接

大庆石油会战是在十分困难的条件下展开的。当时，国家外有经济封锁，内正经受三年自然灾害，物力财力有限，粮食供应紧张。这个时候，几万人一下子集中到这人烟稀少的荒原上，"头上青天一顶，脚下荒原一片"，没有大城市和相应工业发达区做依托，各项物资供应和后勤保障暂时跟不上，生产生活都极端艰苦。

有了困难怎么办？是坐等条件，还是知难而上？是怕苦怕累怕死，还是不畏艰险向前冲？早有精神准备的王进喜，只有一个字：上！

1960年3月25日，他带领1205钻井队职工到达了萨尔图火车站。下了火车，王进喜一不问接站的同志住在哪里？二不问吃在哪里？而是问我们的钻机到了没有？井位在哪里？这里的钻井最高纪录是多少？令接站的同志心里十分感动。当天，他就安排钻工们找井位、找钻机。到了晚上，他们穿过铁道线来到铁西区一个大车店找到一处闲置的马厩住了进去。店主说院子里有一垛羊草可以随便用。这东西遮风避寒挺管用。

放下背包，刘锦明就去张罗饭。不一会回来说附近大众饭店已经停止营业。孙永臣说咱们吃点带的干粮对付一下算了。

三月的萨尔图天寒地冻，气温有零下20多摄氏度。西北风呼呼叫着，刮得窗户纸呱嗒呱嗒响，吹进马厩里来还带着冰冷的雪花，房檐下的冰溜子还挺长。马厩内空空荡荡，除了一股刺鼻的马粪味再没有别的。工人们对此毫不在意，他们把羊草抱进来铺了厚厚的一层，然后坐下来啃干粮。没有水，有的抓把雪就着吃，有的敲下一根冰溜子咔嘣咔嘣吃起来。

大家吃饱喝足，坐在草堆上互相依偎着取暖，在一种乐观豪迈的气氛中进入梦乡。

物见铁人

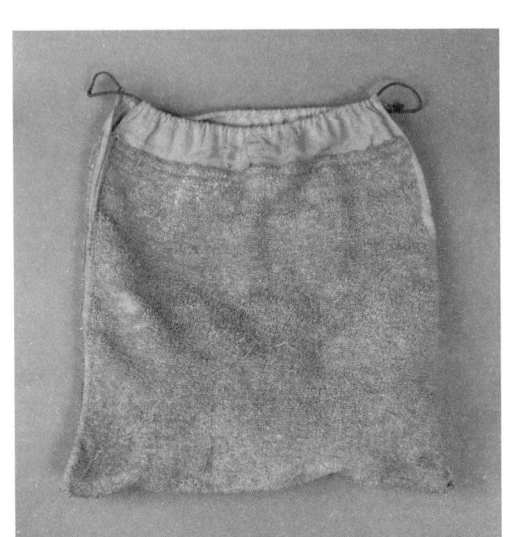

王进喜当大队长时使用过的干粮、牙具袋

【文物年代】20 世纪 60 年代
【文物级别】国家二级文物
【文物编号】DQT3308
【文物尺寸】长 36 厘米，宽 33 厘米

文物背景

此文物是王进喜1961年2月当了钻井指挥部生产二大队大队长以后,上井检查工作时使用过的,由王进喜家人捐献。它体现了王进喜作为基层大队领导,深入生产一线,解决钻井生产和职工生活上的困难,而他本人却一直艰苦朴素,低调做人,是铁人王进喜"当了干部还是钻工"最好的证明。

故事链接

大庆石油会战初期,粮食紧张,为了减轻井队的负担,王进喜坚持下井不吃井队的饭,而是让妻子王兰英给他炒些黄豆、玉米面,装在小袋里,背在身上,骑上摩托车,坚持一天跑七八口井。

对于铁人王进喜来说,井是他的命,油是他的魂。担任大队长以后,他干脆以井为家,成了"钻台转儿""全天滚";参加大会战,更是蹲在井上一刻也不离开,甚至脚砸伤了也一直盯在井上劳动、指挥;当了生产二大队大队长后,他本色不变,改住井为"跑井",照样是"全天滚",24小时管生产。老战友们都说:"老铁当队长蹲井,围着一个钻台转;当了大队长跑井,围着十几个钻台转。井就是他的命啊!"

铁人跑井,不是走马观花,也不是做样子,而是为了解决实际问题。每到一个队,他先下食堂,再到井场,在共同劳动中同干部工人谈心,实实在在地了解情况、发现矛盾、解决问题。1218钻井队工人们提出过春节不休息,铁人就和他们一起干;1205钻井队供水跟不上,他来到井场,对干部工人说,咱们要"有也上,无也上,创造条件上",自己动手解决问题;1281钻井队从杏树岗搬到中区时,只能住在一个废弃的砖窑里,铁人立即与材料库联系并派人拿来油毡纸、木条,大家动手搞"装修",把窑顶和墙壁加了保护层;1207钻井队大钩放不下来，铁人赶来二话没说爬上井架就去查找原因排除故障。

人们都用"同吃同住同劳动"来褒扬下基层的干部。可铁人下井队，同工人干部干在一起、睡在一起，却不吃在一起。

1961年正是三年自然灾害最困难时期。钻井工人粮食定量低，很多人都吃不饱。为了不给井队增加负担，王进喜叫刚到矿不久的爱人王兰英把苞米面炒熟，用一个小布袋装上，同一个搪瓷缸子一起装在挎包里背在身上。

在那艰苦的年月，铁人一直坚持背着干粮袋上井，用炒面充饥。有时挎包不在身边，一到开饭时，铁人就借故有意走开，饿上一两顿是常有的事。很多老会战回忆起此情此景都泪眼汪汪。

睹物思人。这个干粮、牙具袋是当年铁人王进喜廉洁奉公，与职工同甘苦、共患难，为了祖国石油事业做贡献的活生生的证明。

王进喜当大队长时使用过的野草籽袋

第一章 铁人风范

【文物年代】20 世纪 60 年代
【文物级别】国家二级文物
【文物编号】DQT3279
【文物尺寸】长 42 厘米，宽 15 厘米

文物背景

这个野草籽袋是王进喜跑井检查工作时使用过的，它是会战职工在特殊年代填不饱肚子、用野草籽充饥最好的见证。它充分体现了会战职工为我国石油工业发展、填不饱肚子勒紧裤腰带坚持生产的高尚道德情操。

故事链接

会战年代，职工们"五两保三餐"，吃不饱肚子，铁人王进喜就在跑井时到荒原上撸草籽用这个小布袋装着，带回来充饥。

会战职工经常超强劳动，身体严重透支，加上常年吃不饱肚子，到1960年底，有4600多人得了浮肿病，而且有继续蔓延之势。缺吃少粮使石油会战到了难以坚持的地步。

这天，从北京急匆匆赶回大庆的石油工业部部长余秋里，在安达一下火车，就问来接站的会战总指挥康世恩："你哪只手有劲？"

"当然是右手啦！"康世恩答。

余秋里挥了挥他的独臂说道："那好，我们就用右手抓生活，左手抓生产！"

会战工委决定专门成立生活指挥部，并调采油指挥部党委副书记李光明具体负责此项工作。

1961年5月下旬的一天，李光明从泰康镇返回萨尔图，经过银浪西边的草原时，远远望见一片黄花在微风中摇曳，还以为是当地农民种的农作物，走近一看，原来是一大片黄花菜，还夹杂着野百合、婆婆丁、苦苦菜等。李光明就像发现了宝藏一样欣喜若狂。他急忙向总部汇报。总指挥康世恩当即委任李光明为"野菜司令"。

"野菜司令"李光明第二天就从各二级指挥部抽调300多人，自带干粮，来到荒原，规定任务，每人每天必须采摘100斤野菜。

初夏的草原，中午烈日灼人，可早晚仍有些凉意。300多人的挖野菜大军，多半没带行李，一件大衣连铺带盖。每天凌晨4点东方刚一冒红，他们就进入阵地开始摘黄花菜、挖野菜。摘黄花比较方便，几百人排成排，在草丛间向前挪动，就像蚕食桑叶一样，所过之处，原来一片金黄的地方，立马变青。在摘野菜的队伍中，有的人拿着麻袋，有的人干脆脱下外衣把领口扎起来当袋子，采满后立刻送到集中地点，过完秤，又跑到前面去采摘。

摘完了黄花菜，接着是挖婆婆丁、苦苦菜、灰灰条、野葱和野蒜，只要是能吃的都要。仅用一周的时间，他们就采摘野菜15万斤。靠吃野菜坚持会战，令人难以忘怀。

天当房来地当床，棉衣当被草当墙；

野菜包子黄花汤，一杯盐水分外香；

风餐露宿大荒原，为国夺油心欢畅。

当年的这首诗，表达了会战职工的乐观主义精神。

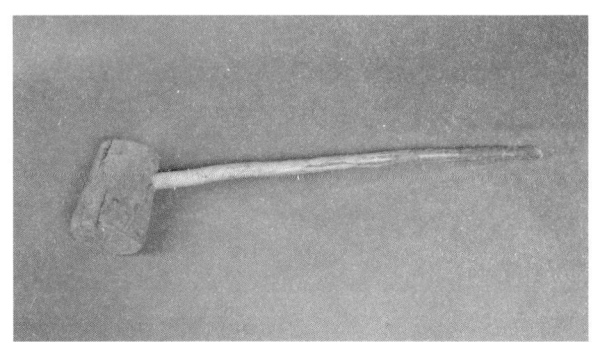

王进喜同工人、家属盖干打垒使用过的大铲和木榔头

【文物年代】20世纪60年代
【文物级别】国家三级文物
【文物编号】DQT3310（大铲）；DQT3311（木榔头）
【文物尺寸】大铲长40厘米；木榔头长74厘米

文物背景

该文物是王进喜当了大队长后带领大队干部、职工和家属盖干打垒时亲手用过的,是以王进喜为代表的会战职工战胜生产和生活上的困难,白手起家建设美好家园的真实见证。

故事链接

1961年2月,王进喜调任新组建的钻井指挥部生产二大队大队长,在南线有半栋残破的旧砖窑,他们简单加固维修了一下,又支起三顶棉布帐篷,就成了二大队的大队部。

这里原来叫"白玉生窝棚"。相传日本侵占东北后,一个叫白玉生的人领着几户人家逃难到这里搭起了几个窝棚就住了下来,最多时有40多户人家。抗战胜利后陆续有人搬走,只剩十几户了。二大队要在这里安营扎寨、打井夺油,还叫"窝棚"实在不相称,于是大家就商量起个新名字。你说叫这个屯、他说叫那个堡,起了一大堆,又都觉得不满意,最后大队长王进喜说:"我是一个放牛娃,能当上大队长,是共产党、毛主席领导我们闹革命翻身求解放的结果,我看就叫解放村吧!"大家听后无不拍手赞好,这个名字一直沿用到现在。

二大队刚组建时,最缺的是房子。王进喜想,无论如何也得让工人们先有个"窝儿"啊!在这里流传一首民谣:"萨尔图,三件宝,白芦苇,青羊草,沙土打墙墙不倒"。土打墙就是"干打垒"房子。它就地取材,筑法简单,冬暖夏凉,虽然低矮土气,却可以遮风挡雨。铁人觉得这个办法好,便请来当地老乡做指导,在打井任务极其繁重的情况下,不得不抽下来一个钻井队组成了基建队。

从打井前线撤下来的钻工们,非常不情愿放下刹把去拿榔头,情绪低落。这天,王进喜来到工地,把大家召集到一块,手里拿起这把木榔头,语重心长地说:"同志们,可不要小瞧了这把木榔头,今年咱二大队过冬就全靠它了。你们知道吗?二大队十几个井队一多半住在牛棚、地窝子里,机关也只有几栋'布拉吉',怎么过冬啊?家属来了没地方住,四五家挤在一间房里,闹出了好多笑话,咱们能看着不管吗?说句实话,我也不愿意离开钻台。手扶刹把一声吼,地球也要抖三抖,多痛快多威风啊。可眼下没有个窝怎么行啊。"

说完,铁人跳上土墙抢起木榔头和大家一道,热火朝天地干了起来。

随着来矿家属增多,住房压力越来越大。不少井队利用业余时间抽人盖"干打垒"。那一阵,解放村"干打垒"工地上,锤声阵阵,号子声震天,电锯声划破夜空……生产大院、生活大院、机关大院,慢慢地显出雏形。过往的钻工们,看到那散发着泥土、原木、芦苇芳香的一栋栋新"干打垒",个个心花怒放,充满希望。

"干打垒",在石油大会战中立了大功。它为4万多石油将士避风御寒,解决了住的问题,保证了石油大会战的顺利进行。

"干打垒精神"也成为大庆艰苦创业"六个传家宝"之一。

大铲和木榔头已经成为那个年代的石油工人自力更生、奋发图强的象征。

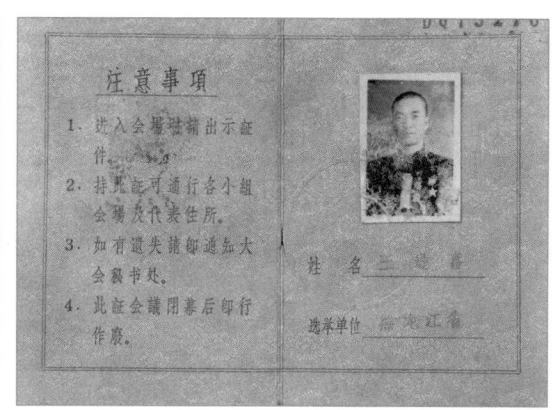

第一章 铁人风范

王进喜参加中华人民共和国第三届全国人民代表大会第一次会议的出席证

【文物年代】1964年12月

【文物级别】国家一级文物

【文物编号】DQT3270

【文物尺寸】长10厘米，宽7厘米

文物背景

出席证是1964年底王进喜参加三届一次全国人民代表大会时用过的,由王进喜家人捐献。它是王进喜参加全国人大会议最有力的证明,极其珍贵。

故事链接

1964年底,铁人王进喜被选为全国人大代表,出席了三届一次全国人民代表大会。

第三届全国人民代表大会第一次会议于1964年12月21日至1965年1月4日在北京举行,出席代表3040人。会议听取了国务院总理周恩来作《政府工作报告》,报告首次提出了"在不太长的历史时期内,把我国建设成为一个具有现代农业、现代工业、现代国防和现代科学技术的社会主义强国"。在这次大会上,王进喜作了大庆石油会战的情况汇报。为了不出错,开始时他用手在讲稿上比着一行一行地讲。可没讲几行代表们一鼓掌,他也跟着鼓掌,鼓完了就找不到行了,他索性脱开稿子讲,讲得又生动又自然又有气魄,激起全场一阵阵热烈的掌声。

12月26日,人大会议闭幕的当天,王进喜、陈永贵、董加耕、邢燕子被周总理领到小宴会厅,这才知道是让他们参加毛主席的71岁生日宴会。宴会共设了10张餐桌。

没过几分钟,毛主席来了,全场起立,热烈鼓掌。周总理把他们4位安排在主桌,挨着毛主席依次落座。毛主席左侧是董加耕、王进喜,右侧是邢燕子、陈永贵,同桌的还有余秋里、曾志、钱学森、彭真、罗瑞卿等。大家落座后,毛主席说:"今天既不是做生日,也不是祝寿,而是实行'三同'。我用自己的稿费请大家吃顿饭。我的孩子没让来,他们不够资格。这里有工人、农民、解放军。不光吃饭,还要谈谈话嘛！"接着毛主席像唠家常一样和大家边吃边聊。谈到大庆时，毛主席说："余秋里和石油工人们一起搞出个大庆来，很不错嘛！石油工人干得很凶打得好，要工业学大庆。"

毛主席过生日，自己的孩子不叫参加，特意请工农代表参加，王进喜把这看成是大庆石油人的光荣。虽然对王进喜来说，这是一件荣耀的事，可回大庆后他没有对任何人炫耀。

第一章 铁人风范

 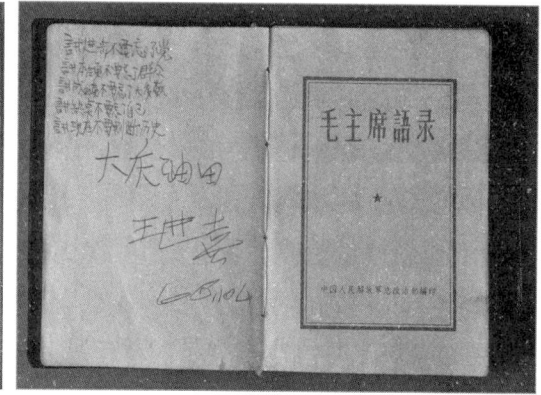

王进喜"五讲"题词及签名的《毛主席语录》

【文物年代】1966年10月4日
【文物级别】国家一级文物
【文物编号】DQT3170
【文物尺寸】长13厘米，宽9厘米

文物背景

这本1966年出版的《毛主席语录》，内有铁人王进喜亲笔题写的"五讲"及本人签名，体现了王进喜不仅是苦干实干家，而且是有很高思想觉悟的哲学家，对于研究铁人王进喜的人生成长脉络有着十分重要的参考价值。

故事链接

1966年国庆期间，铁人应邀到北京人民艺术剧院作报告。10月4日上午，北京人民艺术剧院19岁的演员李光复正在单位上班，他的办公室在四楼，一楼的走廊连着剧场的后台。因为是演员，他经常到后台转悠。这天，他和新疆的一位朋友奴尔马木提一起去后台时，看到在一楼走廊靠近后台的一头沙发上坐着一个熟悉的身影："这不是铁人王进喜吗！"那打扮、那面孔他在照片上多次见到，那是他崇拜的英雄。

"铁人王进喜！"他禁不住叫出声来。李光复和奴尔马木提急忙走上前。铁人见有人认出他来，就"嘿嘿"一乐，准备站起身，李光复忙制止说："您别动，别动！"就和奴尔马木提蹲到铁人身边攀谈起来。

李光复对铁人说："我过去在报道中经常听到您的事迹，在报纸上看到您的照片，没想到今天见到您本人，见到了我们敬仰的英雄，真是太高兴了！"

铁人"嘿嘿"一乐，很朴实的样子。

李光复问："您怎么来我们这里了？"

铁人说来参加一个会议。

李光复还向铁人询问了两个问题。一个是"大庆的干打垒是怎么盖的"，铁人一一做了回答。李光复说，那你们住得那么简陋，也太艰苦了。铁人说，为了早日拿下大油田，我们生产第一，生活第二，也就是"先生产，后生活"。

李光复问的第二个问题是："您当时跳泥浆池用身体搅拌泥浆，当时情况很紧急吗？"

铁人说，情况很紧急，不及时制止井喷，会很危险。当时只能那么做。

对李光复来说，铁人跳泥浆池是英雄的壮举，但铁人说那是石油工人的职责。铁人没有说什么"奉献"啊、"为了共产主义伟大事业"啊之类的豪言壮语，铁人说得非常朴实，这让40年后的李光复想起来还很感动。铁人的伟大是寓于朴实之中的。

奴尔马木提是柯尔克孜族，比李光复小两岁，他是李光复1965年到新疆参加自治区成立10周年庆祝活动演出时认识的。奴尔马木提对铁人说："我们新疆人民也非常喜欢您，敬佩您。"由于见到了崇拜的英雄，奴尔马木提高兴地用维吾尔语为铁人唱了一首歌《歌唱解放军》，因为当时的口号是"工业学大庆，农业学大寨，全国学习解放军"嘛。这首歌的大意是"英勇善战的人民解放军，保卫边疆为人民，人民热爱解放军……"。奴尔马木提当时没有把热瓦普带在身上，清唱了这首歌。唱完后，铁人高兴地鼓起掌来，并热情邀请他们有时间到大庆油田演出。

这时，李光复突然觉得，应该让铁人给他签字留念，于是就掏出随身携带的《毛主席语录》，请铁人签字。

铁人当时坐的那个沙发是木头扶手，呈圆弧状弯下去，铁人就把《毛主席语录》垫在沙发扶手上题写了五句话，就是我们现在看到的"五讲"：

讲进步不要忘了党
讲本领不要忘了群众
讲成绩不要忘了大多数
讲缺点不要忘了自己
讲现在不要割断历史

李光复仍然记得当时铁人穿着

一件深色的半旧的中山装干部服，戴着一顶前进帽。铁人的脸色微黑透红，好像是从工作现场的风尘中来的，给人以健康结实的感觉。

李光复说，后来他还把铁人的"五讲"题词赠给好几位朋友，勉励朋友好好学习，不断进步。"五讲"体现了铁人谦虚谨慎的高尚品德和对待事物的辩证认识。

后来搬家时，李光复就不知道把有铁人签字的这本《毛主席语录》弄哪去了。40多年后，铁人王进喜纪念馆在一个收藏者手中征集到这本《毛主席语录》。并找到李光复，请他辨认，他立即回忆起40多年前与铁人相见的情景。

"五讲"是铁人王进喜毕生学习和实践的结晶，是他为我们留下的宝贵思想财富。时隔40多年，铁人的"五讲"仍然绽放着思想的光彩。

物见铁人

王进喜题为《我们是怎样提高钻井速度和质量的》的发言稿

【文物年代】1966年6月
【文物级别】国家二级文物
【文物编号】DQT3303
【文物尺寸】长27厘米，宽16.5厘米

文物背景

此文物是王进喜作为中国石油代表团的一员出访阿尔巴尼亚的证明，由曾在王进喜身边工作过的油田职工卢泽洲捐献，对于研究铁人王进喜的思想发展脉络具有十分重要的借鉴作用。

故事链接

1966年春，应阿尔巴尼亚工矿部的邀请，中国派一个石油代表团去帮助阿尔巴尼亚搞巴托斯、钻林两个新油田设计。王进喜和大庆油田另一名代表陶冰华也随团访问。

代表团一行12人于1966年6月4日登机，途经伊尔库茨克、莫斯科、布达佩斯到地拉那。7月25日回国，在阿整整活动了52天。

这是王进喜第一次，也是唯一一次出国。这位43岁的西北汉子，第一次坐上飞机升上万里高空，"背负青天朝下看"，用更广的视角看世界，站在世界看祖国，思想上开出了一片新天地。

在莫斯科转机时，他们参观了红场，瞻仰了列宁墓。

在布达佩斯转机时，他们参观了"世界万国博览会"。博览会上，中国展厅虽以轻纺工业产品为主，但也同那些欧美国家展厅一样，展品琳琅满目，观众络绎不绝。王进喜见此情景非常高兴，感到自豪。他说："我们中国就是伟大，在共产党、毛主席领导下发展的就是快。瞧！咱们的产品，外国人都争着看！"

6月13日来到地拉那。在阿尔巴尼亚期间，王进喜的任务是介绍大庆石油会战的情况。每讲一次都赢得阵阵"乌拉、乌拉"的欢呼声和如雷般的掌声。

访问期间，他建议多看油田，多了解人家石油生产的情况。每到一个井场他都主动上前和工人握手、拥抱，通过翻译热烈地交谈，条件允许的话就走上钻台扶一会儿刹把。有时还和阿方工人一起研究改进措施。有一天，在一个井队参观时，他发现泥浆太稠影响钻速，就赶紧给当班干部提了出来。

一天，阿工矿部部长陪同他们参观，在介绍情况时，说到阿尔巴尼亚180万人口，生产石油近百万吨，"平均每人每年半吨油"。王进喜听完被震惊了。了解这个信息以后，王进喜陷入了久久的沉思和自责。他想，阿尔巴尼亚是个小国、穷国，这次来我们还担负着帮助人家发展石油工业的任务，可人家已做到了平均"每人每年半吨油"。我们国家是个大国，这几年石油工业有了大发展，基本自给了，可平均到每个人手里才有多少？从此这个"半吨油"如同那个"煤气包"一样，像条虫子噬咬着他的心。他对陶冰华说："咱们还不行，就算有了个大庆，平均每人才几两油呀！比富比不过英美，连阿尔巴尼亚都比不过，还是个贫穷落后。咋办呀，没别的，回去后咱们还是需要拼命奋斗呀！"

1965年7月，在石油工业部政工会上的发言里，他提出了"全国每年每人半吨油"的奋斗目标，从此，他的这个意愿更坚定了。从甩掉"煤气包"到为实现"半吨油"而战，是这位有高度责任感和使命感的国家主人翁的一次思想飞跃。

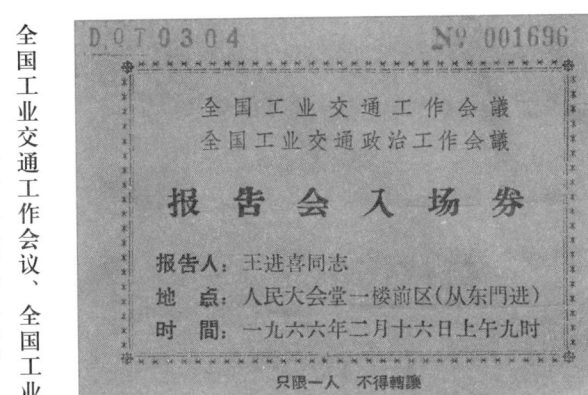

全国工业交通工作会议、全国工业交通政治工作会议报告会入场券

【文物年代】1966年2月16日

【文物级别】国家二级文物

【文物编号】DQT0304

【文物尺寸】长12厘米，宽8.5厘米

文物背景

入场券是1966年全国工业交通工作会议、全国工业交通政治工作会议"报告会"入场时用的，由原大庆石油管理局党委宣传部部长陈灼华捐献。会上，王进喜作了报告，引起全场掌声雷动。它是王进喜在会上作报告最有力的证明，具有一定历史价值和收藏价值。

故事链接

1966年2月16日，王进喜应全国工业交通工作会议和政工会议邀请，在会上作了题为《读毛主席的书，听毛主席的话，为无产阶级革命事业艰苦奋斗一辈子》的报告。

报告会开始，王进喜头戴前进帽，身穿工作服，足蹬钻工鞋，大步走上主席台。他先摘下前进帽放在讲台上，给大家鞠了一躬，又把48道杠的棉工服脱下来卷成一个筒竖在讲台一边，清了清嗓子就开讲。他说："党中央、毛主席表扬了大庆，这是对大庆最大的关怀和鞭策。大庆油田的胜利，是毛泽东思想的胜利，是大学解放军的结果，是全国大力支援的结果。"开宗明义第一章，就把他那"一靠党的领导，二靠群众帮助"的人生第一信条亮给大家。

这场报告很成功，一是思想方向明确，突出了主题。铁人王进喜用亲身经历，用包括1205钻井队、生产二大队全体职工在内的大庆人的亲身经历，介绍了大庆会战的经验，宣传了大庆精神，歌颂了党的领导、群众路线和毛泽东思想。二是讲出了气势，表现出铁人的精神风貌。三是感情真挚，事例生动，语言鲜活，给人一种全新的感觉。四是这场报告，王进喜遵照提纲，又不拘泥于提纲，发挥得酣畅淋漓。比如，讲到结尾处，王进喜说，现在到处都在支援越南人民，好多人写诗表达自己的决心。我也想写首诗表示一下，但文化低，写不来，就琢磨出几句，给大家念念，说着就站起来打着手势高声朗诵道：

手扶刹把像刺刀，
钻杆就像机枪和大炮，
压力一加钻头就向地球里边跑，
打完进尺，
原油就呼呼噜噜往地面冒，
支援越南人民，气死美国佬。

朗读完，会场上再次响起长时间的热烈掌声。

报告会，就是在这种气氛中结束的。

大庆油田原党委宣传部部长陈灼华当年也参加了全国工业交通工作会议、政治工作会议，并聆听了铁人王进喜的报告。这张入场券他一直珍藏着，直到捐献给铁人王进喜纪念馆。

物见铁人

中共大庆委员会政治部制作的《1966年铁人王进喜在全国工业交通工作会议上的讲话录音》磁带

【文物年代】1975年5月

【文物级别】一般文物

【文物编号】DQT24714

【文物尺寸】外盒长14厘米、宽14厘米；磁带直径12.5厘米

文物背景

这件录音磁带为盘式录音磁带，配有说明书，外包装盒封面上有铁人王进喜头像、井架图案及"中共大庆委员会政治部"字样，整体保存完整。由老会战汪永生无偿捐赠。

故事链接

1966年2月，全国工业交通工作会议、全国工业交通政治工作会议在北京召开。会议邀请王进喜作报告。王进喜认为自己讲自己不好，推辞不讲。康世恩对他说："全国会议布置的任务不能推辞，一定要当作政治任务来完成。报告不是讲个人，而是通过自己的经历和体会来宣传大庆精神。不要光讲成功经验，还要讲缺点和教训。这是一个学习提高过程。"报告几易其稿，最终形成了轰动全国的《读毛主席的书 听毛主席的话为无产阶级革命事业奋斗一辈子》长篇报告。王进喜的报告用大量的事实和鲜活的语言，讲述了大庆石油会战中发生的故事，介绍了大庆的经验，宣传了大庆精神，展现出了英雄的风采和个人的魅力。这场报告在当时引起了强烈的反响，轰动了全国。

这盘老式录音磁带的内容就是王进喜这场报告的实况录音。该磁带是1975年5月原中共大庆委员会政治部翻录的，内容为铁人王进喜同志1966年2月在"全国工业交通工作会议上讲话"的实况录音，原时长为三个多小时，选取了38分钟播发。这段铁人讲话原声录音是研究铁人王进喜及大庆石油会战时期我国石油工业发展的珍贵资料，具有极高的历史价值和研究价值。这段录音不仅是一份历史见证，更是铁人精神的传递者。报告中王进喜这样说："大庆油田，是党的大庆油田，全国人民的大庆油田。""我们国家有一个大庆，还仅仅是不够啊，要艰苦奋斗一辈子，要当一辈子老黄牛！"

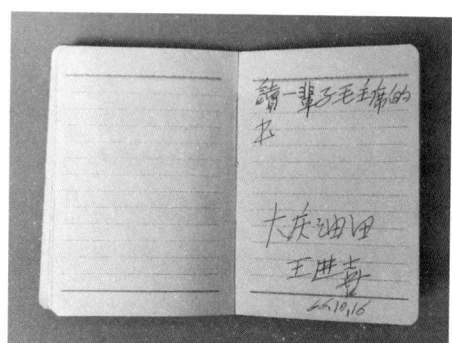

王进喜题写『读一辈子毛主席的书』及签名的笔记本

【文物年代】1966年10月16日

【文物级别】一般文物

【文物编号】DQT24693

【文物尺寸】长10.3厘米，宽7.5厘米

文物背景

日记本白色无封皮，上有捐赠人红色印章，整体保存完好。笔记本上记载了铁人王进喜和1966年来大庆宣传先进事迹的四川石油管理局32111钻井队巡回演讲团成员等20人的签名。由石油系统退休职工刘南平捐献。

故事链接

2023年7月，铁人王进喜纪念馆赴北京到著名画家冯真女士住所开展征集工作，在采访捐赠人时，冯真女士的女儿李丹阳无意间提到了其亲戚刘南平女士，听说大庆来人了，也翻找出来一些老照片，还有一本极其珍贵的巴掌大的小笔记本，上面有铁人王进喜为她题字签名"读一辈子毛主席的书"，就这样继"五讲"语录之后铁人手迹意外再现。虽素未谋面，只是微信寥寥数语，刘南平女士就主动把题词小本子邮寄给铁人王进喜纪念馆，没有任何要求，并专门写下了一篇回忆文章，讲述题词小本子的来历。1966年，刘南平作为原石油工业部机关子弟，按照石油工业部领导的安排随专列到大庆接受教育。专列上同行的是当时全国闻名的英勇救火、保护新开发大气井的四川石油管理局32111钻井队英雄。路上，刘南平怀着激动的心情，近距离地与英雄们在一起让她感到无比自豪，并请他们19位英雄一一在她的小本子上题词留念。到了大庆，刘南平最大的愿望是能够见到铁人王进喜，想亲眼看看英雄的风采。10月16日，刘南平一行来到了铁人王进喜的干打垒办公室，王进喜给他们讲述了艰苦创业的故事，并在刘南平的小本子上题词"读一辈子毛主席的书"。一个小本子记载了一段难忘的历史，记载了英雄们的寄托。

刘南平在铁人王进喜诞辰100周年之际，把这个小本子捐献给铁人王进喜纪念馆，让人们一起重温了这段历史，让大家再一次感受到了大庆人对党和国家的忠诚，感受到了大庆精神铁人精神生生不息，熠熠生辉！

王进喜参加中国共产党第九次全国代表大会的出席证

【文物年代】1969年4月

【文物级别】国家一级文物

【文物编号】DQT3305

【文物尺寸】长10.5厘米，宽7厘米

文物背景

出席证是1969年4月王进喜参加中国共产党第九次全国代表大会时使用过的，见证了王进喜作为大庆人的代表参加大会的全过程，对于研究铁人王进喜的人生历程具有十分重要的借鉴作用。

故事链接

1969年4月，中国共产党第九次全国代表大会（简称"九大"）在北京召开。作为大庆人的代表，王进喜参加了这次大会。

大会开幕后，令王进喜想不到的是自己成为主席团成员。主席团不是按官职大小，而是按姓氏笔画排座位。这样王进喜就坐在普通成员的第一排。开幕式那天，王进喜忐忑不安，止不住地流下了激动的泪水。回到前门饭店住处，王进喜和新结识的好朋友王白旦谈感想。他对王白旦说："我只有一个想法，就是没有共产党就没有新中国，就没有我王进喜。这一切并不是自己有什么本事，有什么功劳，只能说明党对咱们的关心和培养，啥时候也不能忘了咱们是工人阶级的代表，不能忘了自己的责任。"晚上睡不着，他想起大庆的工作，想起那一堆堆的难题，心情很沉重，真有点觉得愧对党对自己的信任。

翻阅"九大"期间王进喜的笔记，有这样几段话："革命委员会要真正起作用，关键是发挥干部的作用。"

"毛主席的政策是治病救人。对犯错误的好人，要多做教育工作，在他们有了觉悟的时候，及时解救他们。"

"只要不是叛徒、特务、顽固不化的走资派，都要解放出来。"

从笔迹可以看出这些话有的是当场记录，有的是过后抄录的。这说明铁人正在考虑怎样解放干部的问题。

进入选举阶段，一件更没有想到的事情发生了。酝酿中央委员选举时，王进喜和王白旦都进了"大名单"。王进喜对王白旦说："当了代表，又进了主席团，已经不得了啦，怎么还能当中央委员呢？你说，中央委员都得是高干，都得是管大事的，咱们哪是那块料呀？"

王白旦也说："是啊，起码也得有点理论水平吧，咱哪行啊！"

于是两人很正式地向代表团负责人提出不进"大名单"。可领导表示："工人进中委体现党对工人阶级的关心和信任，是毛主席的战略部署，你们要紧跟。"

大会选举结果公布后，两个人都当选了。回到住处王进喜对王白旦说："这不是做梦吧，泥腿子、放牛娃也能当选中央委员？这是党的关怀和培养。不是咱们个人的事，咱们是代表工人阶级的，一刻也不能忘记自己的责任。选上是党的关怀和信任，咱只有好好学习，干好自己的工作。"

这个出席证是铁人王进喜参加党的"九大"，被推选为主席团成员，并当选中央委员的见证。

王进喜参加中国共产党第九次全国代表大会时用的铅笔

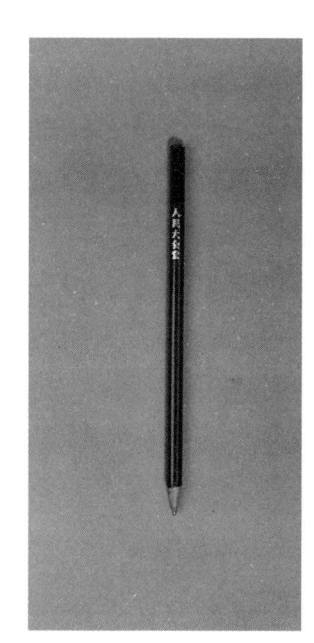

第一章 铁人风范

【文物年代】1969 年 4 月 1 日
【文物级别】国家一级文物
【文物编号】DQT3305
【文物尺寸】长 17.5 厘米，直径 0.7 厘米

73

物见铁人

文物背景

此文物是王进喜参加中国共产党第九次全国代表大会的证明，由大庆油田老会战廖廷臻捐献，对于研究铁人王进喜的人生历程具有十分重要的意义，有历史价值、文化价值和收藏价值。

故事链接

据廖廷臻介绍："1968年4月，成立钻井革委会，铁人王进喜任副主任，我任革委会常委协助铁人抓生产。1969年铁人在中国共产党第九次全国代表大会（简称"九大"）上被选为中央委员。从北京回来后，他拿出这支铅笔对我说："老廖啊，这支铅笔意义很大，我就是用它画票，选举了毛主席、周总理等中央领导，留给你作个纪念吧。"

铁人王进喜从1959年参加国庆观礼开始，多次受到毛主席的接见，却一次也没有和毛主席握过手，能和伟大领袖毛主席握握手成了铁人的一个梦想。1969年4月，在党的"九大"上，他的梦想实现了。

"九大"选举时，主席台上设有投票箱，毛主席、周总理投完了票就坐在前排一边说话一边看大家投票。当铁人投完票返回自己座位时，周总理起身把他截住介绍给毛主席说："主席，这是大庆的铁人王进喜。"毛主席很高兴，也站起来伸出手笑着说："王进喜我知道，是工人阶级的代表。"铁人赶忙伸出自己的双手紧紧握住毛主席那温暖的大手。毛主席风趣地说："你长得很结实，像个铁人嘛！"

这时正好有一位摄影记者在旁边，按动快门拍下了这历史的瞬间。

这支铅笔伴随了铁人参加党的"九大"并当选中央委员的全过程。

王进喜参加玉门会议的介绍信

【文物年代】1970 年 3 月 9 日

【文物级别】国家二级文物

【文物编号】DQT3302

【文物尺寸】长 19.1 厘米，宽 16.1 厘米

第一章 铁人风范

物见铁人

文物背景

介绍信由铁人王进喜家人捐献，是1970年4月王进喜、方廷振参加全国石油工作会议用过的，会议在玉门召开。就在这次会上，王进喜因胃癌疼痛难忍，提前离会到北京检查。具有极其珍贵的史料价值。

故事链接

1970年4月5日，全国石油工作会议在玉门召开。这次会议的中心议题是研究制订石油系统"四五"计划，落实各油田生产任务。之所以在玉门召开，是因为玉门石油沟油矿创出了自力更生、艰苦奋斗、勤俭办企业的好经验。

大会到高潮时，安排铁人王进喜做报告。铁人精神饱满，豪情满怀，讲了大庆的形势，也提出了他对全国石油工业发展的设想。他认为全国石油工业形势很好，但问题也不少，比如大庆就有很多问题亟待解决。大庆应当加快解放干部，反对派性，恢复传统，加强管理，学习玉门石油沟油矿等先进单位的经验。他认为大庆钻井方面要推广1202钻井队和1205钻井队"上十万"的快速钻井经验，实现一个钻井队"日上千，月上万，一年钻它十几万"的远大目标，为国家多打井，多找油；在原油生产上，更应该有大发展。他说，1969年大庆原油产量是1580万吨，要尽快翻番达到4000万吨以上。

对全国石油工作，王进喜表示拥护部里的"石油工业'四五'计划"报告。他建议石油工业部及各油田要狠抓地质研究和勘探工作，选好主要有利地区，集中优势兵力，组织石油大会战，尽快多拿下几个像样的大油田。在产量上，他说1969年全国生产原油2174万吨，要争取在20世纪70年代全国年产原油上亿吨，在世界上排名前列。

王进喜说，毛主席教导我们人

总是要有点精神的，没有艰苦奋斗精神什么也干不成。过去我们说"石油工人一声吼，地球也要抖三抖"，今天我们还应当大吼一声，让世界吃惊。我国有7亿人口，如果能生产3.5亿吨石油，就实现了全国每人每年半吨油。我国是富油国，应当有这个志气，有这个理想。

王进喜还讲了他"全国要再建100个地震队，100个钻井队，省省有油田，管线连成网"的理想。

王进喜的报告引起了雷鸣般的掌声，使听众深受鼓舞。其他油田很多老同志，包括玉门的老战友们，都感到经过岁月洗礼后的铁人意志更坚、骨头更硬、志向更远、理想更大，还是要老老实实向铁人学习。

王进喜住院期间使用过的牙具、毛巾

【文物年代】1970 年

【文物级别】国家二级文物

【文物编号】DQT3240

【文物尺寸】牙杯直径 8.8 厘米，高 8 厘米；牙刷长 15.4 厘米；毛巾长 73 厘米，宽 16 厘米

文物背景

王进喜在北京解放军301医院住院期间用过的牙具和毛巾，见证了他与病魔顽强斗争的意志，是与他本人有直接联系的重要文物，具有唯一性，对于研究铁人精神的发展历程具有十分重要的作用。

故事链接

前往北京的列车上，王进喜胃疼不断发作，有时疼得牙关紧咬，满脸的汗珠往下流。护理铁人的谭大夫一会儿递药递水，一会儿拿毛巾替他擦汗。他劝铁人说："不行咱们就到兰州下车去治一治。"王进喜说："不要紧，咱们抓紧赶路，我得回大庆去参加八次全委扩大会。"

1970年4月19日，王进喜到达北京后，石油工业部经请示周总理、李先念副总理和中共中央组织部，决定由解放军301医院为他确诊病情，最后诊断为贲门癌。

这在一般人看来，简直是晴天霹雳，但王进喜却一直表现得很平静。5月4日，301医院为他做了胃切除手术。手术后，要进行一系列的辅助治疗，有些是很痛苦的，可铁人不在乎。打静脉针特别痛，他和平常一样；同位素烤电一个疗程40天，有的人烤10天就坚持不住了。医生关切地问他："王主任你行吗？"他答："没问题，80天也能顶下来，你们大胆治！"日坛医院烤电效果好，301医院准备给他转去那儿做，但要折腾病人。铁人毫不在乎。上楼下楼，来来去去，积极配合治疗，始终充满信心，在重病号中表现出少有的一种乐观，令医护们十分感动。

医疗专家说，癌症患者就怕天天想着那个"癌"。而铁人不是这样，对癌除了积极治疗外，他不想它。他想什么呢？医护人员说，他想的是事业、工作、钻井和采油。护士王萍说，铁人几乎事不离钻井，口不离油。给他听诊，他说我会给钻机看病,老远一听就知道哪出了啥毛病,你们会给我看病,一定能把我治好;给他打针,他说你一定要对准,我们打井差几毫米都不行,你针管那么小更不能差。好像钻井采油已经融化在他的血液中,随时就流出来。

王进喜的一颗心全给了大庆、给了石油事业。他病魔缠身,有时坐卧不宁,吃不好,可放不下的是对工作的牵挂,对家人的惦念,对大庆命运的关心。每当有人来看望,他都要千叮咛万嘱咐,要大家把该办的事情办好。春天,他说要搬好钻机,抓紧备料,搞好备耕;夏天来了,他给来探病的干部布置任务,要把家属住房全面检查一遍,维修好,迎接雨季到来;秋天到了,他说一定要提前检修好天然气管线,送足气,不要像二村那样临上冻了再去拉原油……

医护人员看到铁人这样心想大庆,不顾个人,深受感动。铁人主治医生高连勇大夫说:"铁人整天好像有很多的事情排着队等在那里,总也办不完。今天能办的事不能等明天,马上能办的事不能等一会儿。他为什么要这样呢?慢慢地我们明白了,铁人经常给我们讲'煤气包'的故事,使人感到好像那个煤气包还在他心头;他也常讲半吨油的理想,好像这个'半吨油'天天在前边招手,在后边催着他。"他还跟我说:"中国的石油一定要走在头里,我们不比外国人差,总有一天我们要超过他们。我相信总会有这一天。小高,你等着看吧!"

王进喜住院期间用过的牙具、毛巾等洗漱用具,伴随着铁人度过了病中的日日夜夜,见证了铁人在癌症面前乐观豁达的情怀,也见证了他时时刻刻惦念大庆油田的生产、职工的生活等方方面面,睹物思人,给我们以鞭策和激励。

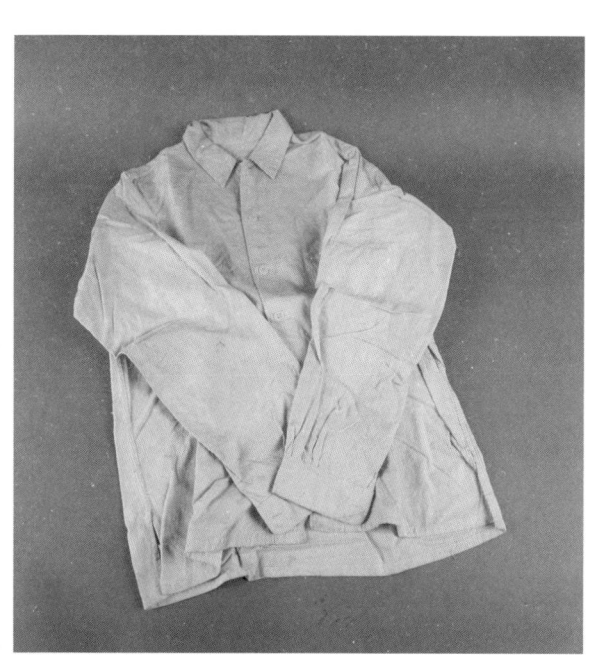

王进喜住院期间穿过的衬衣

第一章 铁人风范

【文物年代】1970年

【文物级别】国家二级文物

【文物编号】DQT2513

【文物尺寸】衣长65厘米，胸围110厘米

物见铁人

文物背景

这件衬衫是王进喜1970年在北京解放军301医院住院期间穿过的，由其家人捐献，是他与病魔不屈不挠抗争的见证物。衬衫保存完好，白色棉麻质地，无破损，具有独有性、唯一性，是与铁人王进喜有直接联系的有重要价值的文物。

故事链接

1970年4月，王进喜到玉门参加石油工业部召开的全国石油工作会议。4月17日，严重的胃病复发，到北京检查。石油工业部领导决定送铁人到解放军301医院住院检查，并向周恩来总理、李先念副总理和中共中央组织部做了汇报。周恩来、李先念等对铁人的病情很重视，指示301医院要慎重诊断，积极治疗。301医院经过专家教授会诊，最后诊断为贲门癌。

这是多么残酷的宣判！

301医院于5月4日为王进喜做了胃切除手术。手术非常成功。手术后王进喜一切正常，精神特别好。他意志坚定，情绪乐观，以顽强的毅力配合医生治疗，战胜病魔。为铁人治病的专家、大夫和护理过铁人的护士最突出的感受是：铁人与其他患者的最大不同是他不怕癌，有个健康的心理、健康的精神状态。所以病在他面前也变得软弱了。

胃切除后，进食成了第一大难题。为恢复体力医生要求铁人要早吃饭，并由少到多逐步增加饭量。铁人笑着说："这个任务好完成！"他硬吃，大口大口地吃，吃了吐，吐完了再吃。

动了大手术恢复期间应当少活动。可铁人是个躺不住的人，能动了就开始活动，很快就下地了。他不让送饭，自己到饭堂去吃；他从不在床上大小便，不管怎样都坚持自己上厕所，一直到生命的最后一刻。

这件衬衣是他住院期间穿过的，很干净，它是病中的铁人性格开朗豁达、勇敢坚强的象征。

第二章

荒原作证

物见铁人

王进喜工作时戴过的铝盔

【文物年代】1960年

【文物级别】国家一级文物

【文物编号】DQT3263

【文物尺寸】最长直径30厘米，高13厘米

文物背景

该文物是王进喜参加石油会战打井时戴过的铝制安全头盔。由王进喜曾经工作过的大庆油田1205钻井队捐献。它是王进喜在野外钻井工作、为油奋发大干最有力的证明。

故事链接

铝制安全头盔（简称"铝盔"）是石油工人打井时佩戴的安全帽。"我当个石油工人多荣耀，头戴铝盔走天涯……"一曲《我为祖国献石油》唱出了石油工人的豪迈气概和不畏艰险、为祖国奉献的高尚情怀。

这顶铝盔，是铁人王进喜20世纪60年代时期戴过的。由于当年条件艰苦，铁人也曾把它当过容器，用它端过水、盛过饭。

1960年4月5日，铁人王进喜带领1205钻井队竖起了井架子，但由于水管线未接通，无法配制泥浆，仍然不能开钻。若等水车送水，最快也要排上3天，王进喜心急如焚。这时有人建议，到离井场一公里外的水泡子里去破冰取水，王进喜觉得这是个好主意。

可有人提出疑问："你看哪个国家端水打井？"

王进喜回答："就是我们中国！这是没有办法的办法，我们就是尿尿也要开钻！"

早春4月，乍暖还寒，水面上是厚厚的坚冰。王进喜率先用镐头砸开冰面，敲开一个大冰窟窿。大家找来了水桶、脸盆、水壶等各种容器，甚至连铝盔、灭火器的外壳都成了运水的工具。附近的老乡和许多机关干部闻讯都赶来端水，很快形成了一条人工运水线。

水源源不断地运到井场的泥浆池中。从早晨直到黄昏，他们连续干了20多个小时，硬是用水桶、脸盆、铝盔等简陋的盛水工具，把50多吨水端到井场泥浆池。

萨55井开钻时，王进喜头戴

这顶铝盔站在钻台上,手握刹把,倾听着钻机隆隆的声音,感受到脚下大地的震动,他豪情满怀,希望快打井、多打井,早日拿下大油田。

这顶铝盔见证了当年石油人的豪情壮志和顽强拼搏精神。

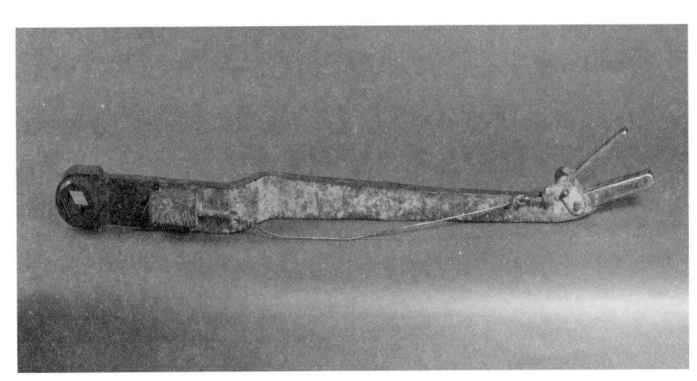

王进喜到大庆打第一口油井——萨 55 井时使用过的刹把

【文物年代】1960 年

【文物级别】国家一级文物

【文物编号】DQT3261

【文物尺寸】长 120 厘米,高 9.5 厘米

物见铁人

文物背景

刹把系铁人王进喜带领1205钻井队职工参加大庆石油会战打第一口井——萨55井时用过的。它充分体现了铁人为甩掉我国石油落后帽子艰苦创业的精神，是王进喜在会战中舍生忘死、为油拼搏最有力的证明。

故事链接

刹把是在钻井施工中操纵的主要工具，就像汽车的方向盘一样，在钻井过程中控制钻杆的起落和钻进速度。

王进喜对刹把情有独钟。新中国成立前夕，王进喜虽然在玉门油矿，但只是干些杂活，受尽了屈辱和压迫。新中国成立后，王进喜才当上钻井工人。1952年，他当上副司钻，不久又当上了司钻，从此与刹把有了不解之缘。每当他站在钻台上手握刹把打井时，他就有了主人公的感觉，那种责任感也油然而生。每当他站在钻台上手握刹把时，他就希望钻头快些钻，能够让地下的石油快点流出来，满足国家建设的需要。

20世纪50年代，正是用这样的刹把，王进喜在玉门创下了"月上千，年上万"的最高纪录。60年代，刹把又随王进喜来到大庆油田，在石油会战中屡建奇功。

1960年4月14日清晨，1205钻井队在大庆打的第一口井——萨55井开钻了。王进喜快步登上钻台，握住刹把，脚踩离合器，随着钻杆的飞旋，豪情壮志冲上云霄。

为打好第一口井，王进喜吃住在井场，全队工人日夜苦干，这口井只用了5天零4个小时，于4月19日胜利完钻，创造了当时钻井进尺的最高纪录，质量达到了全优。

该井井深1200.76米，最高日产油113吨。于1960年5月25日正式投产，40多年来，始终保持着旺盛的自喷能力。如今，人们亲切地把它称作"铁人一口井"。它是铁人精神的发祥地,被收入《中国名胜词典》,成为中国石油天然气集团有限公司"企业精神教育基地"。

王进喜和他的钻井队就是用这个刹把连创钻井新纪录,把美苏的"王牌钻井队""功勋钻井队"统统甩在了后边,为大庆石油会战史写下了光辉的一页。

这支刹把,油漆早已斑驳脱落,局部也有锈蚀。然而,经过铁人感动地球的大手磨过千千万万遍的手柄至今仍然铮铮发亮。人们不难想见,它凝聚着铁人多少心血和汗水啊!

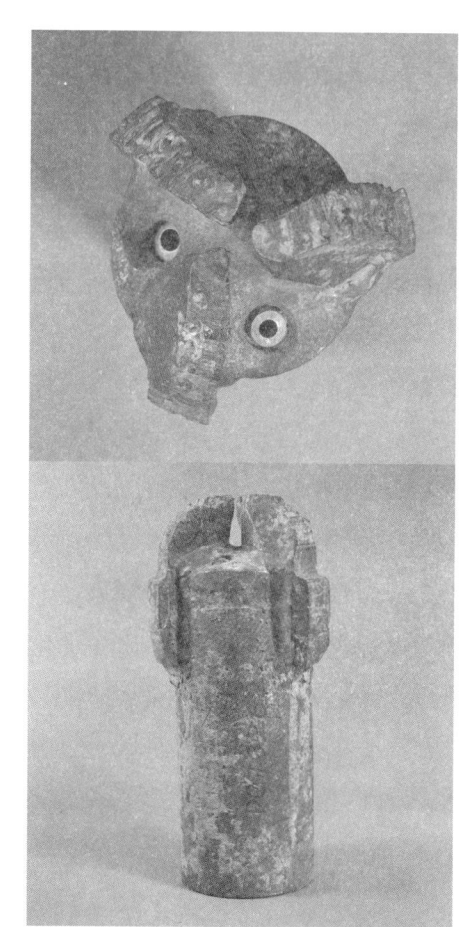

王进喜到大庆打第一口油井——萨55井时使用过的「三刮刀」钻头

【文物年代】1960年

【文物级别】国家一级文物

【文物编号】DQT3262

【文物尺寸】钻头直径20厘米，高41厘米；水孔直径12厘米、10厘米、8厘米

文物背景

该文物由大庆油田 1205 钻井队捐献，是王进喜在大庆油田开发建设过程中用过的，具有极其宝贵的文物价值，对于研究铁人精神的形成有重要的参考作用。

故事链接

1960 年 3 月 15 日，王进喜带领 1205 钻井队（时称 1262 钻井队）从玉门出发，3 月 25 日到达大庆。一下火车，他一不问吃、二不问住，先问："我们的钻机到了没有？井位在哪里？这里的钻井纪录是多少？"得知井位在马家窑，他立即带队赶到那里。

4 月 2 号，钻机到了，在汽车少、吊车不够用的情况下，王进喜不等不靠，带领队友们"人拉肩扛"把设备搬到井场。1960 年 4 月 14 日，1205 钻井队到大庆打的第一口井——萨 55 井开钻。

千百年来，马家窑的田野上第一次响起了钻机声。英雄 5 队的铁臂第一次向松辽大地深处掘进。

打到 70 米时，突然发生了井漏事故，全队职工立刻行动起来，拿盆的，挑担的，借马车的很快来到水泡边儿，端的端、挑的挑、拉的拉、扛冰的扛冰，快速地往井场运水。王进喜则亲自驾驶罐车往来运水。经过一场大战，很快战胜了漏层，恢复了正常钻进。

打到第三天了，四点班眼看要上千，正组织快速钻进，突然灯火全灭，井场上一片漆黑。王进喜说："关键时刻不能停。"他自己上钻台亲自扶刹把，凭着手上的感觉、耳听转盘响声来判断钻机负荷、钻压大小和井下情况，继续打井。经过苦战，一夜累计进尺顺顺当当上了 1000 米。

就这样闯过一关又一关，到 4 月 19 日上午胜利完钻，只用 5 天零 4 个小时就胜利打完 1200 多米的设计井深，实现了"3 天上千，5 天完钻"的目标，创造了当时钻井进尺的最高纪录，这也是1205钻井队到大庆的第一个新纪录。

经过电测、下套管、固井、射孔、安装采油树、接油管，到4月28日萨55井正式喷油。几十年来，这第一口油井已为国家生产原油20多万吨。

这个钻头就是当年王进喜和他的1205钻井队工友们用5天零4个小时打完一口井，创造当时大庆钻井生产新纪录的见证。

钻头是石油钻井的重要工具，其工作性能的好坏将直接影响钻井质量、钻井效率和钻井成本。目前，用来钻井的钻头有刮刀钻头、牙轮钻头、金刚石钻头等多种。不论是哪种钻头，都要连接在钻具的底端，用于钻透各种岩层，不断增加井深。

铁人王进喜是个钻头迷。他渴望钻头像一把利剑，能飞快地钻透地球。为此，他和工人、技术人员反复研究改进钻头的方法。在长期打井实践中，他对钻头有相当的研究。1962年，有一阵子，上海产的一批九寸半牙轮钻头，在现场使用时连续出现锥体折断事故。作为大队长的王进喜就把这几个钻井队的队长和工程技术人员叫到一起分析原因和解决办法。认为这批钻头的锥度有问题，建议在使用时，要专配一个接头。有人半信半疑，他又找来了钻研所的专家共同分析，最终证实了这个意见的正确性和可行性。当各钻井队在使用这个配套钻头后，成功避免了同类事故的发生，后来，他们向上海钻头厂建议改进锥度，从根本上解决了问题。

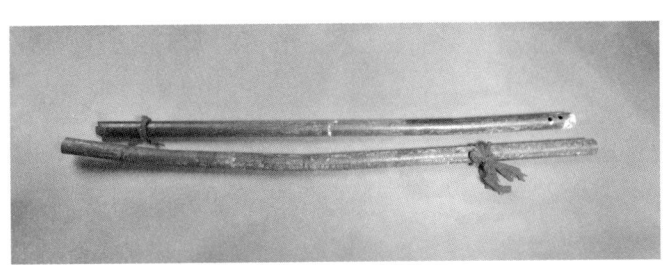
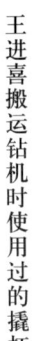

王进喜搬运钻机时使用过的撬杠

【文物年代】1960年

【文物级别】国家二级文物

【文物编号】DQT3284

【文物尺寸】长134厘米,直径5厘米;长125厘米,直径5厘米

物见铁人

文物背景

该文物由王进喜带领1205钻井队参加大庆石油会战，打第一口井时"人拉肩扛运钻机"使用过的，表现了以铁人王进喜为代表的大庆石油会战职工"没有条件创造条件也要上"的英雄主义气概和艰苦创业精神。

故事链接

撬杠是王进喜在工作中常用的工具，用来撬动人力搬运不动的设备。

1960年3月25日，王进喜率领1205钻井队从玉门油田日夜兼程来到大庆。当得知自己钻井队的钻机还没有运到，王进喜就带领全队职工留在车站帮助卸运会战物资器材。由于许多设备沉重，单靠人力手无法搬运，王进喜和工友们就使用这种撬杠来借力。他们无私的举动赢得了人们的赞誉，被人们称为"义务装卸队"。

4月2日，钻机到了，全队职工欣喜若狂。可是，没有吊车、拖拉机，汽车也不足。怎样才能把60多吨重的钻机从火车上卸下来呢？大家都焦急地想着办法。这时，王进喜果断地对大家说："这就像打仗一样，只能上，不能等！我们有条件要上，没有条件创造条件也要上！没有吊车，咱们37个人就是37台吊车；没有汽车，37个人就是37台汽车！就是靠大绳拉、肩膀扛，也要把钻机卸下来，运到井场上去！"

几天来，义务卸车积累的经验这下可派上了用场，大棕绳、铁撬杠、枕木、扁担，凡是能撬、能抬、能扛的东西都找来了。他们先把钻机部件化整为零，一件一件从火车上卸了下来，大部件实在太重，就把钻杆当滚杠垫在设备下面。王进喜顶在关键处，一会儿在前边拉，一会儿在后边撬，一会儿喊号子，带领大家把钻机卸下来。工人们的肩膀压肿了、手磨破了，每个人的手和胳膊都被钢丝绳、棕绳、撬杠勒出了一道道血口子。

整整三天三夜,他们没好好吃过一顿饭,没睡过一个囫囵觉,在几辆解放汽车的帮助下,终于把钻机运到了距车站10多里远的萨55井井场。到了井场,安装钻机可不是件容易的事,卸火车是从高处到低处,安钻机却要从低处搬上2米高的钻井平台。以往,光是把钻机安在钻台上,需要同时使用两台吊车,单凭三十几双手能行吗?王进喜又给大家鼓劲说:"咱们靠双手能把钻机从火车上卸下来,就能把钻机拖到钻台上去"。

最大的设备是长4米、宽2.5米、高2米、重5吨的大绞车,他们用几根钻杆当滚杠,绞车前部拴牢大绳,后边插入撬杠。大家各就各位后,王进喜一边拽着大绳,一边喊着号子,大绞车慢慢地爬上了滚杠搭成的斜坡上。当这个大家伙一离开地面,撬杠就借不上力了。王进喜跳下钻台,弓下腰,用肩膀扛住绞车的底座,竭尽全力往上顶。大家也像王进喜一样,用肩膀扛住,咬紧牙关,一寸一寸往上扛。全队工人硬是靠着"人拉肩扛"的办法,把绞车、转盘、柴油机这些钢铁大件,一件一件地扛上钻台。又经过一天一夜的努力,40多米高的井架子巍峨矗立在了荒原之上。

铁人王进喜在"人拉肩扛"的劳动号子声中喊出了"石油工人一声吼,地球也要抖三抖。石油工人干劲大,天大困难也不怕"的豪言壮语。毛主席在接受美国记者斯诺采访时说:"王进喜这'一声吼',就是中国人民面对世界的发言!"

战争年代,中国人靠小米、步枪赶走了日本侵略者;和平时期,中国人靠撬杠、扁担建设了新中国。这些原始、简陋的工具,体现着中国人民的顽强意志,更体现着爱国、创业、求实、奉献的精神。

王进喜使用过的马灯

【文物年代】1960 年

【文物级别】国家一级文物

【文物编号】DQT3265

【文物尺寸】高 30 厘米，底座最大直径 18 厘米，灯罩上口直径 8 厘米

文物背景

此文物为会战初期老乡送给1205钻井队使用的马灯，由大庆油田创业庄管理站捐献。它见证了以铁人王进喜为代表的大庆石油会战职工艰苦的工作和生活条件，充分体现了会战职工为早日拿下大油田而宁肯吃苦受罪的高尚思想品德。

故事链接

1960年3月25日，王进喜带领1205钻井队从玉门油田日夜兼程赶到了大庆。下了火车，他一不问吃、二不问住，先问钻机到了没有，我们的井位在哪里，这里的钻井纪录是多少，恨不得一拳头砸出一口井来。

队伍还没有安顿下来，王进喜就撒开人马急着找井位，到铁路线上查钻机，天黑了，井位没有找到。他们37个人就先在离火车站不远的一个大马厩里，就着雪吃了点自带的干粮住了下来。

东北荒原三月天，气温仍在零下20多摄氏度，西北风裹着轻雪呼啸着从破门缝刮进马厩里。马厩里太黑了，什么也看不见，好心的店主送来这个马灯说："你们石油人能吃苦，很不容易，这盏灯就送给你们照个亮吧！"

马灯照亮了马厩，大家彼此看清了对方的面容、身影，看清了马厩简陋的空间，情绪一下子好了起来，马厩里有了笑声。王进喜兴致更高，他站在马厩中间给大家绘声绘色地讲了段"张飞战马超"。然后，他对大家说："松辽这场大会战是群英聚会，我们队也要当五虎上将，和张云清队比个高低。"

接着他又给大家唱了一段秦腔《秦英征西》。王进喜还觉得不尽兴，竟提议："咱们作首诗怎么样？"

"大老粗也要作诗？"马厩里响起了哄笑声。

"你们笑啥吗？别以为咱们大老粗就做不了诗，我先来第一句，呼儿呼儿的北风，好像是风扇。"一个就着雪吃干粮的工人接着说："白雪，就好像是炒面。"就这样，大家你一句，我一句，七嘴八舌，边说边改，最后形成了如下诗句：

北风当电扇，
大雪是炒面。
天南海北来会战，
誓夺头号大油田。
干！干！干！

马灯跃动的火苗点燃了石油工人胸中的烈焰，料峭的寒风唤醒了石油汉子火热的激情，破旧的马厩成就了大老粗的创作灵感。这首脍炙人口的石油诗一直流传至今。

大庆石油会战初期，大庆油田是"头上青天一顶，脚下荒原一片"，道路、电力、通信、水源等问题都十分突出。在没有电力照明的情况下，王进喜就是凭着这盏马灯在夜间到井场巡逻；在值班房里填写报表，记录钻井进度，开会研究布置钻井工作。就是在马灯的灯光下，王进喜学习了毛泽东的《矛盾论》《实践论》，懂得了用辩证唯物主义的方法指导生产、指挥生产，懂得了抓主要矛盾。

马灯陪伴王进喜度过了艰苦的会战岁月。即使后来油田发展了，有了电力照明，但铁人的心中始终有一盏火苗，照亮着他前进的路。

王进喜打井时使用过的"牙轮"钻头

第二章 荒原作证

【文物年代】20世纪60年代

【文物级别】国家一级文物

【文物编号】DQT3287

【文物尺寸】直径20厘米，高20厘米，底径10厘米

99

物见铁人

文物背景

这只牙轮钻头系大庆展览馆于1991年10月转交给铁人王进喜纪念馆。

故事链接

铁人是个钻头迷,为了延长钻头的使用寿命,他潜心研究,颇有心得,曾得到"钻头大王"倪志福的夸奖。1964年一次外出,他结识了全国"钻头大王"——倪志福,两人一见面就谈起了钻头。王进喜说:"我们都是用钻头的,你钻的是钢铁,我钻的是石头,岗位不同,目标一样,我要好好向你学习。"对这次见面,倪志福念念不忘。1970年王进喜逝世后,他特意写了一篇怀念王进喜的文章。

铁人王进喜一生有许多绝活,其中最叫绝的就是能在千米之外,根据钻进时井下传出的声音判断钻头的磨损情况。美国石油开采史上有个传奇人物叫"野猫"盖利,是19世纪90年代著名的石油开采者和探险家。传说盖利靠鼻子能闻出地下石油的味道,从而成功地在美国中部大陆找到了大油田。当然这只是传说,而铁人王进喜能在千米之外根据井下钻头挖掘地层的声音,判断钻头的磨损情况却是事实。

有一次,铁人王进喜路过一个钻井现场,从远处传来的声音中,他判断这口井的钻头牙轮要掉了,便急忙跑到井上让工人立即停下起钻。工人们说:"你说掉就掉了?起钻误了进尺怎么办?"王进喜说:"你们起钻看,误了进尺我负责!"工人们半信半疑,起出来一看,果然如铁人王进喜判断的那样,要不是被泥包住早就掉进井里了。工人们服气地说:"老铁能听出千米之外地下的声音,可真神了!"

1205 钻井队使用过的 B 型吊钳

第二章 荒原作证

【文物年代】1960 年

【文物级别】国家一级文物

【文物编号】DQT0775

【文物尺寸】长 158 厘米，宽 42 厘米，厚 23 厘米

101

物见铁人

文物背景

该文物是王进喜带领1205钻井队打井时亲自使用过的，由王进喜的徒弟、曾任1205钻井队队长的周正荣捐献，外观粗糙，表现了以铁人王进喜为代表的1205钻井队职工为油拼搏的精神，对于研究大庆油田的开发建设历史和铁人精神的形成具有十分重要的意义，极具收藏价值。

故事链接

B型大钳是打井时用来卡钻杆的。

1960年3月25日，王进喜率领1205钻井队日夜兼程来到大庆。4月14日，萨55井开钻。在打这口井的过程中，王进喜全天在井上滚，日夜围着钻台转，抓要害、顶关键，随时解决生产、技术上出现的难题，根本不分什么"八点班""零点班"，饿了就吃口干粮，困了就裹上老羊皮袄躺在钻杆上睡会儿。用实习学生的话来说就是"从没见他正经吃过饭、睡过觉"。

在王进喜英雄行为的带动下，全队工人自觉从严，积极工作。当班的坚守岗位，休班的瞪大眼睛看着井上，随时准备上井干活。打到第三天了，"四点班"眼看要上千米，正组织快速钻进，突然灯火全灭，井场上一片漆黑，原来是发电机出了故障。还打不打？王进喜说："关键时刻不能停。"他叫工人抓紧修理发电机，命令各岗工人仔细工作，自己上钻台亲自扶刹把，凭着手上的感觉、耳听转盘的响声来判断钻机负荷、钻压大小和井下情况，继续打井。

队长的行动就是号召。钻台上，钻工们把大钳舞动得像风一样快，方钻杆儿飞速地旋转着，钻头快速地向地下钻进着。经过苦战，累计进尺终于达到1000米。4月19日上午这口井胜利完钻，井深1200米，只用了5天零4小时，实现了"3天上千，5天完钻"的目标，创造了当时的最高纪录，这也是 1205 钻井队到大庆的第一个新纪录。

这种 B 型吊钳，没有力量的人是难以娴熟使用的。但在铁人王进喜和他的队友手中，却可挥动自如。它不仅仅是一种钻井工具，更是一种力量、意志的象征，是铁人和他的队友"没有条件创造条件也要上"，为油拼搏、无私奉献精神的真实写照。

松辽石油勘探局运输处名签

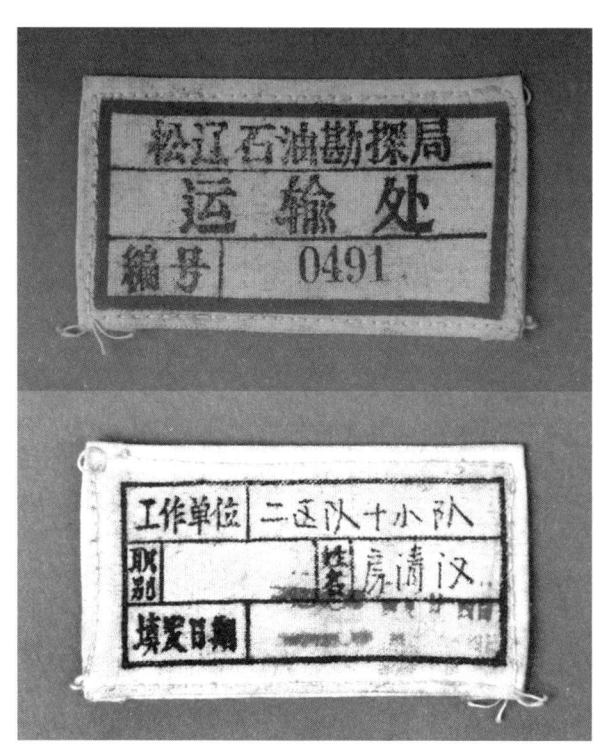

【文物年代】1960年4月24日

【文物级别】国家二级文物

【文物编号】DQT1450

【文物尺寸】长7厘米，宽4厘米

文物背景

职工名签是松辽石油勘探局运输处职工佩戴过的，由大庆油田钻井二公司退休职工房清汉捐献。

故事链接

松辽盆地是我国东北地区由大小兴安岭、长白山环绕的一个大型沉积盆地。盆地跨越黑龙江、吉林、辽宁三省，面积约26万平方公里，松花江和辽河从盆地中穿过。20世纪上半叶，美国、日本的地质工作者都曾在这一带进行过石油调查和勘探，但没有发现石油。

1955年，中华人民共和国地质部在松辽平原正式开始了以找油气为目的的石油勘探。1956年2月，地质部成立松辽石油普查大队。1957年7月，石油工业部西安地质调查处根据石油工业部的指示，派出了一个由7人组成的地质综合研究队奔赴松辽盆地。

东北地区大规模的石油勘探是从1958年开始的。这一年3月，根据邓小平的指示精神，石油工业部把松辽盆地作为石油勘探战略东移的主战场之一。4月，在西安地质调查处成立了松辽石油勘探大队，由宋世宽任大队长。5月，又成立松辽石油勘探处，任命宋世宽为处长。除西安地质调查处部分人员外，还从玉门油田、新疆油田、青海油田、四川石油管理局抽调了一些干部，勘探处机关设在长春市。6月，石油工业部又决定将松辽石油勘探处改名为松辽石油勘探局，任务是开展基本地质普查，选择有利地带进行详查细测，钻探基准井并开展区域综合研究，准备可供钻探的构造。8月，原石油工业部劳动工资司司长李荆和走马上任，担任松辽石油勘探局局长兼党委书记。随着石油勘探事业的发展，石油工业部陆续从克拉玛依油田、青海油田和石油工业部机关，以及东北三省抽调一些干部和职工，充实和加强松辽石油勘探局及其所属各大队，使勘探队伍不断壮大。到1959年4月底，全局职工已经达到3000多人。

1958年7月，松辽石油勘探局的钻井队首先在盆地东北斜坡地区，即安达县任民镇以东14公里处钻了第一口基准井——松基一井，井深1879米，钻穿了白垩纪，到达盆地基底的古老岩层上，结果一无所获。同年8月，又在盆地东南部的隆起区即前郭尔罗斯蒙古族自治县登娄库构造打了松基二井，遇到了一套致密的下白垩统地层，仅见到了少量的油气显示。9月，石油工业部和地质部参加松辽勘探的技术人员联合召开会议，进行深入的讨论。经过分析利弊，达成共识，同意将松基三井井位定在大同镇高台子隆起上。松基三井的钻井施工任务由松辽石油勘探局32118钻井队负责。

1959年9月26日，是一个石破天惊的日子，松基三井终于喷出了棕褐色的原油！

大庆石油会战开始后，松辽石油勘探局并入会战队伍，成为会战大军中的勘探先锋。

二区队转业军人明细表

第二章 荒原作证

【文物年代】1960年11月7日
【文物级别】国家二级文物
【文物编号】DQT1461
【文物尺寸】长26厘米，宽17厘米

文物背景

参加大庆石油会战的转业军人明细表系大庆油田钻井二公司退休职工房清汉捐献。该明细表见证了人民解放军对大庆石油会战的有力支援。

故事链接

1960年2月20日，党中央批准大庆石油会战，不仅得到了石油系统内部的积极响应，也得到了人民解放军的大力支援。就在党中央批准石油大会战的第三天，即1960年2月22日，党中央又做出了一项重大决定：动员沈阳、济南、南京三个军区的3万名退伍战士和转业干部参加石油大会战。3万多名转业官兵的参战，使大庆石油会战的有生力量更加强大。

正是因为这样一支以军人出身为主体的会战大军，尤其是会战大军的组织者、领导者和思想政治工作的骨干力量都是从部队转业过来的官兵，同解放军有着直接的"血缘"关系，他们将我军的优良传统和作风带到石油职工队伍中来，并在会战中又结合石油工业的特点，学习部队的管理方法和解放军的政治思想工作经验，所以才造就了这样一支优秀的敢打硬仗的石油职工队伍，培养了过硬的工作作风。

实践证明，大庆石油会战队伍之所以能始终保持旺盛的士气和很强的战斗力，能够经受来自各方面的考验，与这支队伍具有严明的纪律和过硬的作风是分不开的。这份转业军人明细表，真实地记录了当年部队官兵支援大庆石油会战这一重大的历史事实。

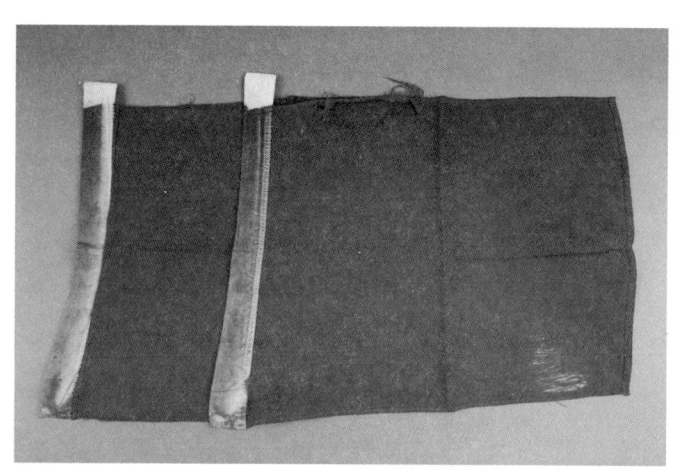

大庆油田首车原油外运时指挥机车使用过的红、绿信号旗

【文物年代】1960年6月1日
【文物级别】国家一级文物
【文物编号】DQT0183
【文物尺寸】长50厘米，宽37厘米

文物背景

信号旗是大庆油田首车原油外运时指挥机车用过的，由原齐齐哈尔铁路局大庆银浪车务段员工卢凤山捐献。它是1960年6月1日大庆油田首车原油外运最有力的证明，对于研究大庆油田的开发建设历史有借鉴作用，具有历史价值和收藏价值。

故事链接

1960年6月1日，大庆首列原油外运列车，开向我国石油化工基地——锦西石油五厂。这年5月下旬，会战领导小组根据大庆石油会战进展情况，决定在6月1日向外地炼油厂输送第一列车原油，并决定把原油装车任务交给3月份从玉门油矿来的薛国邦采油队。这个队是油田上第一支采油队，共有20余人，编号为第一采油队。他们接到任务上车后，队长薛国邦在37井一干就是7天7夜。

首列原油外运列车共挂有21节油罐。装车地点在萨尔图车站附近正在兴建的东油库。当时，由于油井生产集输工程尚未竣工，只好将喷在土油池子里的落地原油，从各个油井用汽车运到东油库的两个大池子里。5月27日，离6月1日只有三四天时间了。当晚，气温突降，储油池子的原油凝固了，黏稠的原油把油泵憋得嗷嗷直叫，就是泵不上油来，化油的蒸汽盘管又伸不到油池中央，原油融化不了，大家站在油池边上干着急。薛国邦对大家说："今晚天凉，油池大、蒸汽量小，溶化的油满足不了泵的进口，要完成任务必须下油池。"说完，他赤手拉起高温蒸汽盘管带头跳进原油池里，紧跟着几个小伙子也跳了下去。他们用铁锹、脸盆把黏稠的原油推送到高温蒸气盘管前，原油一点一点融化了，泵开始正常运转了。可是薛国邦的两腿麻木了，双手也被高温蒸汽烫起了血泡，但他仍然紧握着蒸汽盘管拼命化油……

5月31日16时多,油罐车才全部装完。

6月1日,会战领导小组在东油库举行大庆石油会战首车原油外运剪彩典礼。机车正面中央悬挂着毛泽东主席像,上端镶嵌着立体和平鸽和井架图案。机车前端和左右两侧是大幅红布标语。身披节日盛装的"油龙"在临时搭起的彩门下面待发。上午8时,石油工业部副部长、会战领导小组组长康世恩、副组长唐克等领导冒雨来到现场。8时45分,在庄严雄伟的"社会主义好"的军乐声中,康世恩代表会战领导小组为原油外运列车剪彩。剪彩后,随着这两面信号旗的挥动,火车鸣响了汽笛。在滚滚车轮声中,首车原油满载着大庆石油会战职工的汗水和对祖国的深情驶出萨尔图车站。挥动的彩旗,从此定格在历史的瞬间,成为石油人温馨的回忆。

"五级三结合"会议出席证

【文物年代】1960年11月24日

【文物级别】国家一级文物

【文物编号】DQT1453

【文物尺寸】长10厘米，宽7厘米

文物背景

该出席证是1960年11月24日大庆油田五级三结合会议出席证，由大庆油田钻井二公司退休职工房清汉捐献。它见证了当时油田干部、工人、技术人员一起商讨大庆石油会战中遇到的重大问题，从而确保了会战的顺利进行。

故事链接

"五级三结合"是指小队、中队、大队、探区指挥部、会战指挥部五级的干部、工人、技术人员参加的会议。在大庆石油会战中，凡遇到重大决策问题，都群策群力召开这样的会议，统称为"五级三结合"会议。

入夏，本是钻井夺油的黄金季节，可1960年的夏天，天空就像漏了似的，滂沱大雨下个不停。工人们住的牛棚、马厩、窝棚、地窖子、帐篷都泡了汤，就连会战领导小组组长康世恩住的牛棚也漏得不成样子，一晚上挪动了七次床位，都找不到干爽的地方。整个荒原更是一片汪洋，沼泽地成了"大酱缸"，汽车、吊车趴了窝，就连链轨拖拉机都行走困难。遍布荒野的各个钻井队、采油队、施工队的设备物资无法运上去，给养也供不上去，面临停产的危险，石油会战被大雨逼到了绝境。

面对连绵阴雨的挑战，是撤还是上？

一个风雨交加的夜晚，会战领导小组主要领导康世恩、唐克、吴星峰、张文斌、焦力人等在四处漏雨的牛棚里，挑灯开会共商大计。他们从国际反华势力的经济封锁，苏联撕毁合同、撤走专家，到100多年来我国依靠"洋油"过日子的屈辱历史；从石油工业部因差4.5万吨原油产量而没有完成"一五"计划，到铁人王进喜"泪洒沙滩"。大家越谈压力越大，越谈意志越坚定，最后形成了统一意见：就是天下刀子也不能撤。

会议刚散，康世恩便向在北京参加国务院会议的余秋里部长做了电话回报。余秋里激动地说："你们想得很对，松辽石油会战只许上，不许下；只能前进，没有退路！无论遇到多大困难，也要硬着头皮顶住。这个决心无论如何不能动摇，就是天下刀子也不能撤！"

决心一下，信心倍增。6月25日，会战指挥部在安达专门召开了"五级三结合"会议——石油大会战第二战役动员大会，发出了"战雨季斗严寒，坚决拿下大油田"的决战总动员。

会议一结束，王进喜和孙永臣就回到队里。第二天清晨，吃完早饭，王进喜就组织全队职工蹚着水来到井场，在工具爬犁上放着一个印有洋文的机油桶，旁边还有一个装了机油的盆子和一个机油滤子，大家看到盆里的机油有些浑浊，盆底还沉淀出一些渣子。王进喜拿起机油滤子说："同志们，这就是从机油里滤出的马粪沫子。前些日子机油不好，我们骂供应部门不负责任，现在搞清楚了，不怪他们，问题出在进口上。我们用的油一半以上靠进口，他们想用石油卡我们，就在供应油上捣鬼，冬天给夏天用的，夏天给冬天用的。还在油里掺马粪，有的机油里竟有女人的高跟鞋，这是为什么？就是因为我们国家缺油，人家就欺负咱们。同志们，大油田就摆在脚下，我们还能受这个欺负吗？"

"不能！"大家异口同声道。

"对，不能再受这个气了！我们要再加把劲战胜雨季，战胜大水，多打几口井，多出一些油，挣回这口气。"铁人的战前动员有声有色，井场上群情激愤，大家心里燃烧起来的爱国热情，使几天来的疲惫一扫而光。

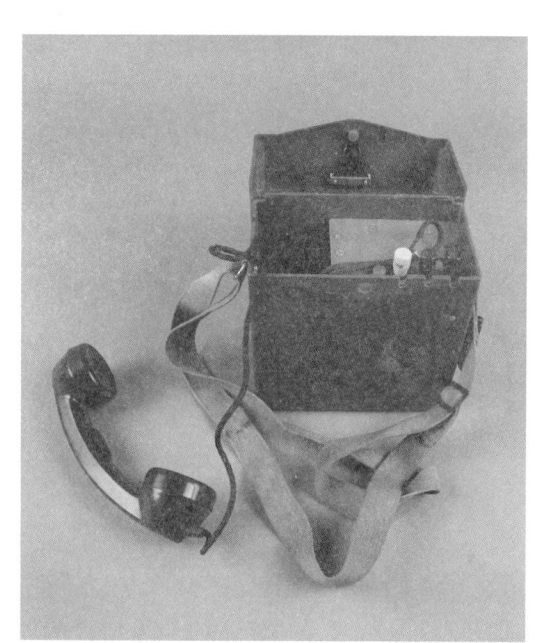

通信人员野外使用过的电话查线机

第二章 荒原作证

【文物年代】1960年
【文物级别】国家三级文物
【文物编号】DQT0104
【文物尺寸】长21.5厘米，宽9厘米，高17.5厘米

文物背景

查线机是大庆石油会战职工在野外进行电话查线时用的,由大庆油田文化集团退休干部李玉春捐献。它体现了会战初期,大庆油田职工为早日拿下大油田而顽强拼搏、无私奉献的精神,对于深入研究大庆油田的开发建设历史具有十分重要的作用。

故事链接

大庆石油会战时期,有一天,一口油井发生失火事故,可偏巧报警电话线路怎么叫也叫不通,话务员急得满头大汗。正在这时,机务员毛孝忠和架线工萧全发从外线工地回来了,得知这一情况,他们还没来得及喘口气,就立即返身跑了出去。

他们沿着线路一步一步察看。在机修厂附近,看到了在风中摇曳的断线,他们抓住话线两端,拼命往一块拉,可是由于风大,话线怎么也拉不直,大约有两米的距离够不上。情急之中,他们同时想起了战场上话务兵人体接线的故事,便不约而同地伸出了手臂。当他们两手拉在一起的瞬间,顿感浑身麻木,身体不由自主地随着电流的击打而颤抖起来,电话接通了。为了保证通话进行,他们咬着牙,顽强地坚持了整整 5 分钟。

通话结束了,电流一下子就消失得无影无踪,虽然酥麻的感觉没了,但他们已是大汗淋漓,无力地瘫软在地上。休息了一会儿,体力稍稍得到了恢复,他们迅速返回驻地,找来电线,接通了线路。

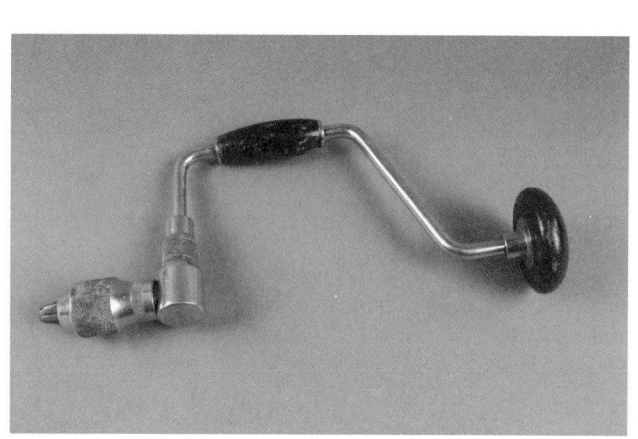

油建十一中队工人野外施工使用过的手摇钻

【文物年代】1960年

【文物级别】国家三级文物

【文物编号】DQT0059

【文物尺寸】长34厘米

物见铁人

文物背景

手摇钻是1960年油建十一中队野外施工时用过的,由原油建指挥部三大队职工郝尔栓捐献。该文物来自"自觉从严,好自当头"自强不息精神的大庆油田先进集体油建十一中队,是研究大庆油田开发历史不可多得的珍贵文物。

故事链接

油建公司油建十一中队,主要从事油田地面工程建设、化工建设和长输管道工程施工。1954年在玉门油矿组建,1960年参加大庆石油会战。

在石油会战中,该队以高度的主人翁责任感和使命感,严细认真搞施工,高标准高质量完成任务。1964年除夕,该队完成10米长混凝土应力大梁的施工任务时,发现大梁局部宽了5毫米。当时职工们正欢天喜地准备回家过年,发现问题后,队领导立刻召开现场会,提出要为油田负责一辈子,一丝一毫也不能马虎。队干部带头,全队职工硬是用扁铲一点一点地把超宽的5毫米铲掉,然后再用砖头把大梁一块一块磨光。从此,"5毫米见精神"的故事传遍了整个会战战区。

1965年,被石油工业部命名为"自觉从严,好字当头"的标杆队,先后荣获"全国五一劳动奖状"、石油工业部"五好标杆队"等荣誉称号,2007年被命名为大庆油田"基层建设十面红旗"。涌现出全国著名劳动模范、"最讲认真的人"周占鳌和集团公司焊接技能专家司英建等一大批先进模范人物。他们继承优良传统,用大庆精神铁人精神建队铸魂,时刻践行"建设精品工程,塑造精彩人生"的理念;他们大力弘扬"自觉从严,好字当头"优良作风,锻造"人人出手过得硬""五严五好"的职工队伍;他们以"为油田负责一辈子"的精神打造品牌,把传统精神与现代科学管理有机结合,有效实现了精细施工、精益管理、精抓细管保安全。建队 71 年来,参与建成了世界第一座流动沙漠中的新疆塔中四联合站、大庆南三油库接卸俄油工程等省部级以上优质工程,攻克各种技术难题、总结施工方法近百项,连年被评为安全生产金牌单位。

物见铁人

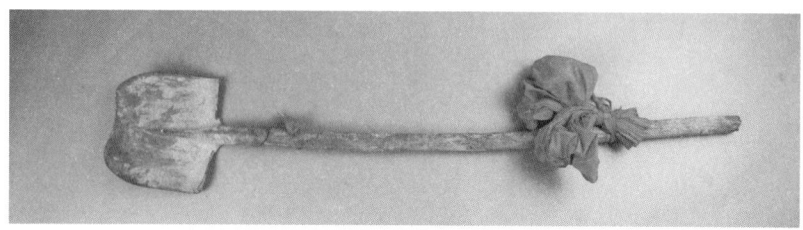

「五把铁锹闹革命」的发起人之一吕以莲使用过的铁锹

【文物年代】1960年
【文物级别】国家一级文物
【文物编号】DQT0795
【文物尺寸】总长143厘米，锹头长37厘米、宽23厘米

文物背景

这把铁锹系 2004 年 10 月，大庆油田"五把铁锹闹革命"家属之一、钻井一公司农工商分公司吕以莲老人捐献给铁人王进喜纪念馆。

故事链接

大庆石油会战初期，4 万多会战职工生活条件相当艰苦。为了度过困难时期，会战工委决定，把来到油田的职工家属组织起来，自己动手，开荒种地，支援石油会战。

1962 年 4 月 16 日，4 名年轻的职工家属吕以莲、王秀敏、杨晓春、丛桂荣在 48 岁的薛桂芳的带领下，扛着铁锹，挑着行李，到远离驻地 30 公里外的荒原上找到一栋破房框子，盖上篷布，在里边住了下来。他们 5 个人开始了"五把铁锹闹革命"的艰苦创业之路。

荒芜的土地虽已冰雪消融，但仍被料峭的春寒所笼罩，大地还没有化透，用铁锹挖起来相当吃力，她们手上磨破的血泡染红了锹把。饿了，她们就啃上几口硬邦邦的玉米面饼子；渴了，就喝上一碗凉水。

她们在荒原上扎下根的消息，很快传到了钻井指挥部，其他家属受到了鼓舞，陆续加入开荒种地的队伍中，当年这个"娘子军"就逐渐扩大到了 32 人，收粮食 3500 斤。1963 年，发展到 71 人，种地 92 亩，收粮食 3 万多斤。按当时的分配政策，参加集体生产劳动的家属每人分粮 400 多斤、分菜 600 多斤，支援食堂 4000 多斤蔬菜，还响应党的号召，卖给国家余粮 6000 多斤。

会战工委及时总结、宣传和提倡这一精神，使之成为鼓舞广大家属发挥"半边天"作用的精神力量。"五把铁锹闹革命"精神也成为大庆艰苦创业"六个传家宝"之一。

1964 年 6 月，周总理第二次视察大庆时，充分肯定了"五把铁锹闹革命"的精神。

物见铁人

1202钻井队第二任党支部书记韩荣华在大庆石油会战期间穿过的秋衣

【文物年代】1961年

【文物级别】一般文物

【文物编号】DQT24801

【文物尺寸】衣长96cm，胸围48cm，袖长52cm

文物背景

这件秋衣为棉线材质,为大庆油田1202钻井队第二任党支部书记韩荣华在大庆石油会战期间穿过的秋衣。由大庆油田钻探集团退休职工梅祥华无偿捐赠。

故事链接

捐赠人梅祥华说:"老书记韩荣华一再嘱咐我,一定要把这件秋衣带给铁人纪念馆。这是艰苦卓绝的石油大会战最好的见证者。"这件秋衣为棉线材质,整体暗红色,胸前印有白色井架图案及"钢铁钻井队奖""中共钻井指挥部委员会""1961"字样,衣领拉链处有缝补痕迹,拉链损坏,袖口和下摆有磨损痕迹,整体保存完好。秋衣为大庆油田1202钻井队第二任党支部书记、中华全国总工会原副主席、书记处书记韩荣华在大庆石油会战时期穿过的。韩荣华在回忆铁人王进喜时说:"铁人是大英雄,大英雄有大胸怀、大气魄,给人印象最深的是他关心事业胜过一切,关心别人胜过自己。"

1202钻井队是1953年3月以中国人民解放军十九军五十七师的一个排为基础,组建于玉门油矿。建队以来,1202钻井队继承和发扬人民解放军的优良传统,不怕疲劳,连续作战,先后经历10次大调动。转战玉门、克拉玛依、四川、辽河、华北等7个油田,为发展祖国石油工业屡建功勋。在20世纪50年代,实现钻井进尺月上千(米)、年上万(米),创立"天山标杆"。20世纪60年代,怀着甩掉祖国石油落后帽子、为国分忧、为民族争气的雄心壮志,与铁人王进喜为队长的1205钻井队齐头并进,创出年进尺10万米的世界纪录,先后超过了苏联格林尼亚功勋钻井队和美国王牌钻井队。被石油工业部命名为"永不卷刃的尖刀""钢铁钻井队""卫星钻井队""五好红旗单位标兵"等多项荣誉称号。1964年4月25日《人民日报》第三版刊登了《永不卷刃的尖刀——记大庆油田一二〇二钻井队》的报道。

第三章

朴素情怀

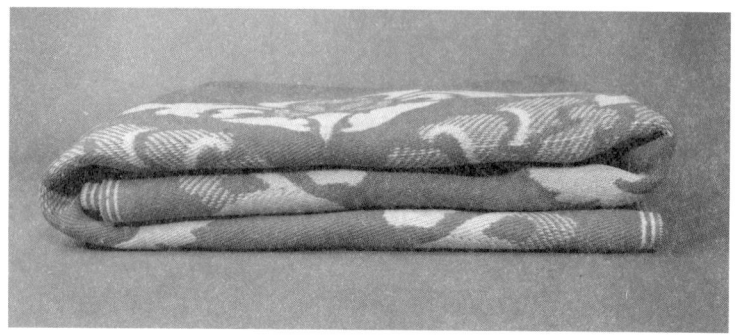

王进喜为母亲购买的毛毯

【文物年代】1957年

【文物级别】国家一级文物

【文物编号】DQT1041

【文物尺寸】长195厘米，宽140厘米

文物背景

这件毛毯由王进喜的妹妹王立捐献给铁人王进喜纪念馆。捐献人王立介绍说:"母亲在病危时对我说,我没什么东西留给你,你身体不好,被子太薄了,只有你哥哥给我买的这条毛毯,你就拿去用吧。"

故事链接

铁人是个大孝子,但他深知自己立志为国献油,不能经常侍奉在老母左右,因此在外打井路过家门时不论怎么忙也要挤点时间回家看看,哪怕到家看一眼心里才踏实。

王进喜家人口多,靠他一个人的工资过日子,虽然生活紧紧巴巴,但他还是想尽一切办法照顾好母亲。

一次铁人到北京开会,别人送他一个桃子,他舍不得吃,用纸包裹着带回家来给老母亲吃。

1957年铁人到兰州开会时,特意花了50元钱的高价给母亲买了这条毛毯。这条毛毯是当年全家最贵重的物品,老人一直用到去世前夕。

毛毯寄托着王进喜对母亲的爱,折射出一个钢铁男儿的柔肠与深情。

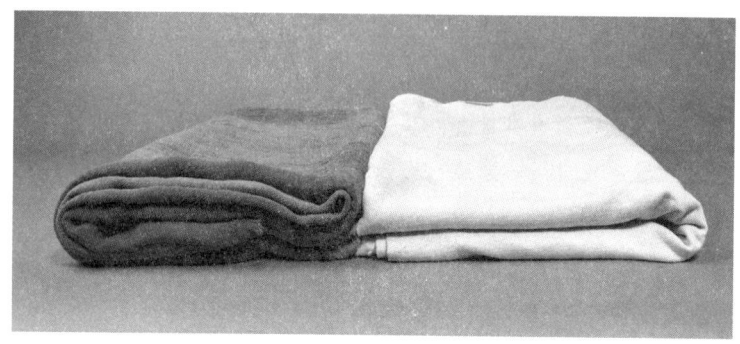

王进喜送给张秀志的西北土布被面、被里

【文物年代】1961年

【文物级别】国家一级文物

【文物编号】DQT2181

【文物尺寸】长220厘米,宽210厘米

文物背景

这套土布被面和被里由王进喜的徒弟张秀志于 2006 年 3 月捐献给铁人王进喜纪念馆。被子夹层里边的羊毛已被虫蛀，仅留下了被里和被面。

故事链接

1960 年，铁人王进喜带领 1205 钻井队到大庆参加石油会战，考虑到东北寒冷，家人特意给他做了一床新棉被，里面是用羊毛絮的。

1961 年冬天，高中毕业生张秀志刚参加工作就从玉门来大庆参加会战，被分配到 1205 钻井队。面对艰苦环境，他在笔记本上写到：望草原唉声叹气，当钻工有啥出息？论前途更成问题。

张秀志的低落情绪，被大队长王进喜看在眼里。

这一天，王进喜来到 1205 钻井队，师徒俩在井场值班房外席地而坐唠了起来。先聊了家庭和工作情况后，王进喜从挎包里掏出一本《矛盾论》，意味深长地说："你有条件读了十几年书，多幸福啊。我没读过书，连学毛选都很困难，你来帮我念一段。"

《矛盾论》的第一节论述的是"两种宇宙观"，阐述了唯心主义和唯物辩证法的对立。念完了这段，王进喜说："两种对立的宇宙观是什么意思呢？我的理解是有的人情愿在钻台上艰苦奋斗一辈子，有的人光想在暖屋子里舒舒服服过一辈子，这就是两种对立的宇宙观。你说是不是？"聪明的张秀志一下子就理解了老队长的用心，脸红红地低下了头。铁人见触动了他的思想，就趁热打铁接着说："出身好不一定就应该先进，有文化也不一定就是好工人，还需要在实践中锻炼。毛主席说外因是变化的条件，内因是变化的根据，外因是通过内因而起作用的。你有文化这个优势，要在钻井队干得好，自己一定要努力啊。"

铁人看到张秀志的被子单薄，就把伴随自己多年的这床被子送给了他。

大队长的言行把正在思想的十字路口徘徊的张秀志引导上了正确轨道。不久，张秀志又在笔记本上写到：望草原欢天喜地，当钻工真了不起，论前途光明正大，为革命奋斗到底。

王进喜使用过的印有『最可爱的人』字样的搪瓷缸子

【文物年代】1961 年

【文物级别】国家一级文物

【文物编号】DQT1156

【文物尺寸】高 9.6 厘米，直径 9 厘米

物见铁人

文物背景

这个搪瓷缸子是参加过抗美援朝的徐锦荣同志在1961年任钻井二大队副教导员时，送给铁人的生活用品。

故事链接

人们表扬干部下基层常常用"同吃同住同劳动"来形容，可铁人王进喜当大队长后，改"蹲井"为"跑井"，与工人干在一起，住在一起，就是不吃在一起。

铁人跑井身上总是背着一个小挎包，里面装着妻子给他炒的玉米面和这个搪瓷缸子，一到开饭时，他就掏出搪瓷缸子，抓一把炒面，用开水一冲就是一顿饭。有时挎包不在身边，一到井队开饭时，他就故意走开，饿上一顿。队干部看不过去，就打来饭菜让他吃。他说："现在粮食定量一人一份儿，我吃了你们吃什么？"

时任钻井指挥部指挥的李敬同志，在1961年3月26日的日记里写道：王铁人背着炒面袋上井，几天几夜不回来，这种精神被机修工人学了去，发展成"三袋"——干粮袋、工具袋、配件袋。"三袋"上井随身带，机器坏了就修，配件坏了就换，肚子饿了有干粮，工作不完不回家，深受基层欢迎。

王进喜使用过的两用唱片机

【文物年代】1963 年

【文物级别】国家二级文物

【文物编号】DQT0701

【文物尺寸】长 35 厘米，宽 26 厘米，高 18 厘米

物见铁人

文物背景

会战指挥部奖励给王进喜的唱片机系甘肃省武威市双城镇中山村农民、王进喜徒弟许万明的弟弟许万枝捐献，从另外一个侧面表现了王进喜不单单是实干家，同时也性格爽朗、爱好文艺，多角度体现了王进喜的性格特征。

故事链接

在采访捐献人许万枝时，他说："我哥哥1963年从大庆回老家探亲临走时，给我拿来一台两用电唱机和《苏武牧羊》秦腔唱片，哥哥特别嘱咐我说这台唱机是铁人王进喜送给他的。"

铁人王进喜爱听秦腔，一听就入迷，那粗犷豪放的乡音一起，他立马心醉神迷，一天的疲惫全无。铁人不仅喜欢听秦腔，而且会唱，在那会战年代，井打到哪里，铁人的秦腔就哼唱到哪里。秦腔里的花木兰、杨家将、岳飞等人物，他们尽忠报国的思想，对王进喜产生了深刻影响。

会战时期，职工文化生活极度匮乏。为了表彰铁人王进喜在石油大会战中的突出贡献，会战指挥部专门奖励给了这台唱片机。

1963年7月的一天，准备回老家探亲的钻工许万明来到铁人王进喜办公室，一进屋铁人就急匆匆地说："小鬼，你这次回武威老家探亲，我交给你一个特殊任务，把赵生元给我找回来。"看到许万明面露难色，铁人接着说："你那么爱听秦腔，如果能把赵生元给我找回来，我就把这台电唱机和唱片都'奖励'给你。"

赵生元是跟铁人一起从玉门来大庆会战的优秀钻工，技术过硬，因家里上有老下有小，一大家子连一个壮劳力都没有，生活实在是太困难了，1962年回老家探亲一直未归。这件事在铁人心里一直都放不下。

带着铁人的嘱托，许万明高高兴兴地背上这台电唱机和唱片回到了老家。他找到赵生元家，经过一次又一次促膝谈心，终于做通了赵生元的思想工作。赵生元安顿好家里的事情，愉快地返回了大庆，投身到如火如荼的石油大会战中。

王进喜送给周正荣的短羊皮袄

【文物年代】1964 年

【文物级别】国家二级文物

【文物编号】DQT0235

【文物尺寸】衣长 70 厘米，胸围 160 厘米，袖长 67 厘米

文物背景

此文物是王进喜上井工作时穿的，由王进喜的徒弟周正荣捐献，见证了王进喜为搞好钻井生产而深入一线靠前指挥的人民公仆本色。

故事链接

铁人上井三件宝：笔记本、炒面袋、羊皮袄。

王进喜一心想着多打井、快打井，恨不得一拳头砸出一口井来。他像一个上足了劲的陀螺一样围着钻机转个没完，困了就逮哪睡哪，钻杆排上、泥浆槽里、电机房旁，他头枕钻头靠这件老羊皮挡雨御寒。工人们把王进喜24小时工作在井场叫"全天滚"。

周正荣和戴祝文都是1205钻井队的司钻，是铁人的爱徒。因此，铁人对他们的要求也特别严格。他们挨骂挨批的次数也最多。1960年6月，1205钻井队连创新纪录，每天听到的都是赞扬声，队伍滋生了自满情绪，甚至有的人说："有的井队连一口井都没打出来，我们已经打了三口了，也该喘口气了！"

听到这个声音，铁人的气儿就不打一处来。这天，萨2589井完钻，工人们放井架、卸设备、忙搬迁，一直干到深夜10点多。第二天太阳已爬上树梢，可井场还是一片沉寂。铁人在院子里转了好几圈，就再也憋不住了，他用拐杖猛劲敲打各个班的房门："起来，快起来，都给我到食堂集合去！"

那时候井队最大的屋子就是食堂，自然成了开全队会议的地方。人很快都到齐了，王进喜铁青着脸吼道："周正荣、戴祝文你们给我站起来！"听到这话看到这阵势，另一个司钻丁国堂也跟着站了起来。铁人扔掉手中的拐杖，喘着粗气大声吼道："你们想不想干了，不想干就吱声，咱们把井队交出去，回玉门抱孩子去。我们到松辽干什么来了？你们说！我们是玉门的先进队,是代表玉门6万人民来大庆参加大会战的。不错,这段时间我们确实干得不错,吃了不少苦,打了几口井。可是,同志们呀,我们从玉门出发已经两个半月了,才打了3口井,多可怜呀!"

说到这,王进喜觉得自己说得太严厉了,他话锋一转:"余部长号召我们要高速度、高水平拿下大油田。康部长说钻井是火车头,要多打井、快打井、打好井。3口就值得骄傲啦?就把尾巴翘起来啦?同志们,3口井,离拿下大油田差远了。离拿掉煤气包,甩掉石油落后帽子差得更远了!"这时支部书记孙永臣接过话茬说:"王队长批评大家,就是让我们大家不要忘了,我们到松辽是争第一站排头来了,决不能落在新疆队、四川队的后头!"

王进喜这次发火在队里引起了震动。接着各班按照党支部的要求,对照"两论"找差距。大家都觉得不该有松口气的想法,这样一来队伍士气大振,提出了月"四开三完"向"七一"献礼的目标。6月份,经过全队奋力拼搏,整整打了4口井,实现了"四开四完",超额完成了"七一"献礼目标,还创造了班进尺225米、日进尺707.49米的最高纪录。1205钻井队连续3个月被评为"一级红旗"钻井队,铁人王进喜被破格晋升为钻井工程师。

王进喜对工人严格要求,但感情上又像亲兄弟一样。1964年,徒弟周正荣有病住院,铁人前去探望。来到病床前,见刚做完手术的周正荣有气无力,就关心问他有什么困难没有。周正荣说:"屋子冷,刀口有点凉。"铁人就把自己穿的羊皮袄脱下来盖在他的身上,嘱咐他好好修养。

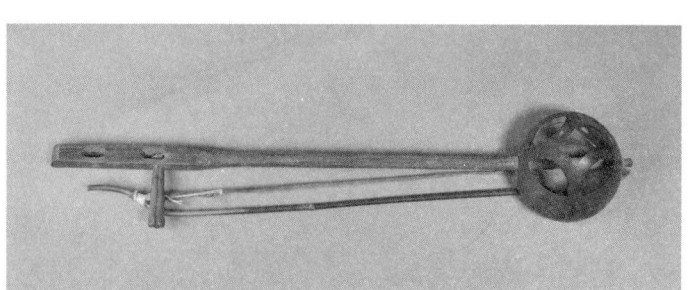

王进喜送给业余秦腔演出队的板胡

【文物年代】1964年

【文物级别】国家二级文物

【文物编号】DQT1524

【文物尺寸】体长67厘米，琴箱呈半球形，直径13厘米

文物背景

这把板胡由大庆油田物探公司工会干部金发明于2005年12月捐献给铁人王进喜纪念馆。

"八百里秦川唱古韵,三千万民众吼秦音。"西北大地上长大的王进喜,一生最大的爱好是听秦腔、唱秦腔。可以说,铁人的荣辱观、道德观,与那些流传下来的优秀的秦腔剧目的影响是分不开的。

故事链接

到大庆石油会战后,王进喜一心扑在钻井夺油的大会战上,心无旁骛,却唯一不能割舍对秦腔的迷恋,秦腔是铁人"大苦中的大乐"。

懂得音乐的人才更懂得人生。铁人王进喜在这古老的黄河文化中,汲取营养,丰富情感,体味快乐,完善自我。秦腔剧《金沙滩》《武家坡》《花木兰》《火焰驹》《钓金龟》《斩单童》《单刀会》里面的故事和人物,都在他脑海里打下了深深的烙印。花木兰的爱国、杨家将的忠勇、单雄信的刚烈、关云长的信义、张飞的豪放、王宝钏的坚贞……对铁人思想性格的形成和人生观、价值观的完善都产生了重要影响。

石油会战年代,为了丰富职工的业余文化生活,铁人积极组织职工自己动手,盖起了大礼堂。把刚来大庆时,西安三易社、尚友社赠送他们的几件乐器找了出来,把几名会唱秦腔和有点文艺特长的职工家属组织起来,成立了业余秦腔演出队,在工作之余,结合思想教育鼓舞队伍士气,自编自导了几出古装小戏和反映会战生活的小节目,除了在大礼堂演出外,还下井队巡回演出。特别是西北籍的钻工们听到了久违的乡音都高兴得不得了。

铁人也把自己心爱的板胡捐献给了业余秦腔演出队。

王进喜给著名作家魏钢焰夫妇的回信底稿

【文物年代】1966 年

【文物级别】国家三级文物

【文物编号】DQT4610

【文物尺寸】长 26.5 厘米，宽 19 厘米

文物背景

1966年5月13日王进喜委托办公室工作人员给魏钢焰夫妇的回信，表明王进喜的兴趣和交友都比较广泛。因与铁人亲身经历有关，故有一定的收藏价值和历史研究价值。

故事链接

铁人王进喜在生产二大队当大队长期间，与陕西省著名作家魏钢焰结下了深厚的友谊。

魏钢焰在大庆体验生活两年多，把爱人调到大庆机关工作，把儿子送到采油队当工人，实心实意地要用自己的笔写大庆。他在二大队居住时间较长，曾几十次甚至上百次跟踪采访。铁人把他当成二大队的干部，经常托他给办事。

魏钢焰要回西安办事，王进喜交给他30元钱、20斤芸豆，叫他特意赶到礼泉，代表全大队去看望因公牺牲的钻工张启刚的父母。魏钢焰来到张家，对老人说："我是代表大庆党组织和王铁人来看您的！"老人含着泪说："我感谢共产党、毛主席，也感谢王铁人！"魏钢焰逢人就讲"三根白发"的故事，他说："王进喜心里有本账，为建设大庆致残的、工伤的、因公牺牲的、有困难的都记在他心上！"

魏钢焰含着泪回忆说："铁人把我当成大队的人。有一次，领我到二大队的'烈士陵园'，在陈世林、张启刚等同志的墓前对我说，杨家将为国捐躯，后人给他们写了那么多的小说和戏文。我们的石油工人为油献身，你们作家们也要像写杨家将那样把他们的事迹写出来，告诉子孙后代，大庆来之不易！忆起老铁的话，我心中有愧。虽发表了几篇东西，但很不够，真是对不起铁人！"

事实上，魏钢焰发表描写大庆的作品是比较多的。《绿叶赞》散文集中，歌颂大庆会战的就有6篇。其中《忆铁人》《历史的谱写者》等3篇从不同的侧面歌颂了大庆精神铁人精神。魏钢焰本来正在创作歌颂铁人的长诗，可惜只写到大半，就被病魔夺去了生命。魏钢焰辞世后，按照他生前要求，人们把他的骨灰埋在了大庆"铁人一口井"旁。

王进喜为工人修鞋时使用过的钉拐子

第三章 朴素情怀

【文物年代】20世纪60年代
【文物级别】国家三级文物
【文物编号】DQT3309
【文物尺寸】整体高38厘米，宽5厘米；铁脚长11.5厘米

物见铁人

文物背景

铁人一生始终保持着艰苦朴素的生活作风，在物资极度匮乏的会战年代，更是靠修旧利废搞生产，缝缝补补过日子。他看到工人的工鞋破了，就自己焊了这个钉拐子，利用工作间隙为大家修补工鞋。

故事链接

钻工们在钻台上工作，整天与钻机、钻杆这些铁家伙打交道，工鞋坏得很快，新工鞋又不能及时发放，铁人王进喜当了大队长后就组织病弱伤残职工成立了修鞋组，既服务大家，又解决了这些困难职工的工作和收入问题。

1261钻井队司钻陈国安生病住院，虽经多方治疗，病愈出院了，但身子单薄、行动不便，为了解决他们全家的生活问题，安排他给大家修鞋，一家人的生活有了保障，陈国安心存感激。

这个钉拐子是石油会战时期铁人带领大家修旧利废、勤俭节约、艰苦奋斗的历史见证。

王进喜使用过的收音机

第三章 朴素情怀

【文物年代】20世纪60年代
【文物级别】国家三级文物
【文物编号】DQT3312
【文物尺寸】长55厘米，宽20厘米，高28厘米

文物背景

这台熊猫牌收音机，现开关已不完整，一些地方残破不能使用。

故事链接

铁人一生不喝酒，不打扑克，不爱看电影，唯一对古老的秦腔艺术情有独钟。儿时没钱买票，他就到戏园子外扒门缝听，偷学几句跑到西河坝上吼；新中国成立后当了钻工、司钻，就经常买票去看秦腔戏，曾因不请假挨过几个师傅的批评。当了队长工作忙了，但也隔三岔五看上几出戏。1960年参加大庆石油会战，没有机会看秦腔戏了。这台收音机，还有另外一台电唱机就是王进喜听秦腔时使用的设备。

秦腔，是起源于古代陕西、甘肃一带的汉族民间歌舞。秦腔的表演技艺朴实、粗犷、豪放，富有夸张性，生活气息浓厚，技巧丰富。王进喜特别爱听秦腔戏，甚至到了如痴如醉的状态。《岳母刺字》《孟母三迁》等传统的中国历史传奇、故事会让他浮想联翩，触动他的情感。1960年，因王进喜参加大庆石油会战，没有机会看秦腔戏。一天半夜，铁人起来上厕所，忽然听到一个屋里正放着秦腔，就站在屋外听得入迷，工人发现他后赶紧让他进屋，两人一直听到天亮（王进喜还组织了业余秦腔演出队，劳累了一天的钻工们听着熟悉的唱腔，不时地跟着吼上几嗓子，再打起井来又是精神抖擞干劲十足）。

除此外，王进喜还用这台收音机收听国内外新闻，了解国家大事，了解我国石油工业发展的现状。他虽然识字不多，却有着很高的思想觉悟，这跟他不断充实自我、丰富自我，不断提高自己的理论修养有很大关系。

这台收音机，静静地摆放在铁人王进喜纪念馆的展厅里，它仿佛在向人们诉说着一个故事，一个永远不老的故事。它告诉我们，铁人王进喜不但是实干家，还是一个充满了生活情趣的人。他为我国石油事业的发展立下了不朽的功勋，同时他生活乐观、豁达大度，他积极向上的生活态度永远值得我们学习。

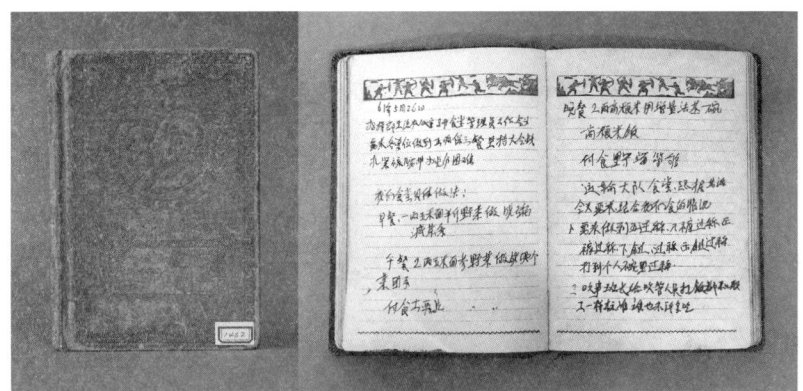

记载『五两保三餐』用的下米账笔记本

【文物年代】1956 年

【文物级别】国家一级文物

【文物编号】DQT1452

【文物尺寸】长 18 厘米，宽 13 厘米，高 2.5 厘米

物见铁人

文物背景

此件文物由大庆石油会战职工房清汉捐赠，其中记载了1960年8月25日至1961年5月26日"五两保三餐"保会战时基层食堂伙食供应标准等情况，是研究大庆石油会战的艰苦程度、自然灾害造成的粮食紧缺情况的佐证。

故事链接

20世纪60年代初，国家遭受三年自然灾害，人们填不饱肚子，参加石油会战的职工也受到很大影响。会战的逐步推进，工作量越来越大，粮食供应却越来越少。最严重的时候"五两保三餐"，就是一天只吃五两粮食。这一天五两粮食，就是身体再好，又能支撑多长时间呢！有的职工饿得难受，就跑到冰天雪地的野外，捡秋收后的白菜帮子、甜菜叶子、冻土豆来吃。有的饿得实在不行了，就喝点盐水，喝口酱油汤。由于长期缺乏营养，到1961年初，得浮肿病的就有4000多人，占会战职工总数的十分之一！身经百战的会战指挥部领导没有向国家伸手等、靠、要，而是发扬人民军队"自己动手，丰衣足食"的优良传统，不给国家添负担。在生产不停的情况下，发动职工、家属开荒种地，自己解决吃饭问题。粮食紧张，全员参战。1962年5月，石油工业部副部长康世恩在机关二食堂召开春播动员大会。一场石油会战中的大生产运动轰轰烈烈地开展。以薛桂芳为代表的5名职工家属，带头开荒种地，当年收获粮食1800多公斤。她们的壮举被誉为"五把铁锹闹革命"。1962年底，已有2800多名职工家属参与开荒，收粮33万公斤。

会战职工房清汉的笔记本中有这样的记载：

1961年元月21日，要开展好自我检讨，认真评比这一个月的工作情况，抓好防火，按照领导要求，做好"五两保三餐"，食堂要做好这方面的工作。

1961年5月26日，运输指挥部生活办公室召开食堂管理员工作会议，要求各单位做到"五两保三餐"，坚持大会战，扎紧裤腰带，为党分困难。我们食堂具体做法：早餐，一两玉米面半斤野菜做成粥，咸菜条；午餐，2两玉米面掺野菜做成两个菜团子，副食土豆片；晚餐，2两高粱米用增量法蒸一碗高粱米饭，副食野菜汤管够。

这个笔记本，就是当年会战职工饿着肚子坚持石油会战的真实写照，它像一面镜子照亮了我们的日常生活，给我们以鼓舞，激励我们拼搏与奋斗。

职工使用过的铝饭盒

【文物年代】1959年

【文物级别】国家三级文物

【文物编号】DQT0032

【文物尺寸】长20厘米，宽12厘米，高6厘米

文物背景

1959年大庆石油会战油田职工使用过的铝饭盒，由大庆油田第二采油厂原工会主席张清玉捐献，充分体现了会战前夕职工艰苦的生活条件，有一定的收藏研究价值。

故事链接

1958年，石油工业部按照中共中央总书记、国务院副总理邓小平同志对石油勘探的指导思想和发展战略，把石油勘探的重点放到东部地区，并成立了松辽石油勘探局。

短短几个月的地质勘查，在松辽盆地就发现了南北长140公里、东西宽10余公里的大庆长垣构造带。自南向北包括7个独立构造：敖包塔、葡萄花、高台子、太平屯、杏树岗、萨尔图和喇嘛甸。

然而松辽石油勘探局分别在黑龙江省和吉林省境内打的两口基准井——松基一井和松基二井均没有见到工业油流，石油工业部专门组织专家讨论研究。大家一致认为，不能因为这两口井没出油就简单地下结论，同时谨慎部署打第3口井。

1958年9月3日，石油工业部和地质部的石油地质研究人员共同作了技术论证，一致同意将松基三井井位确定在大庆长垣高台子隆起上。11月24日，石油工业部正式批准由松辽石油勘探局32118钻井队承担这口井的施工任务。1959年3月开始施工准备，4月11日正式开钻。在井深1050米至1461米井段中连续取心，见到了含油饱满的油砂，岩屑和钻井泥浆监测中也见到了油气显示。为了加快找油步伐，石油工业部决定改变3200米井深的原设计，在井深1461.76米结束钻进。1959年9月26日，松基三井喷出了低比重、低含硫优质原油。

松基三井喷出工业油流标志着大庆油田的发现。1960年2月，中央正式批准大庆石油会战，决定集中优势兵力，用打歼灭战的办法，一举拿下大庆油田。这个铝饭盒就是会战前夕大庆油田职工使用过的生活用品。

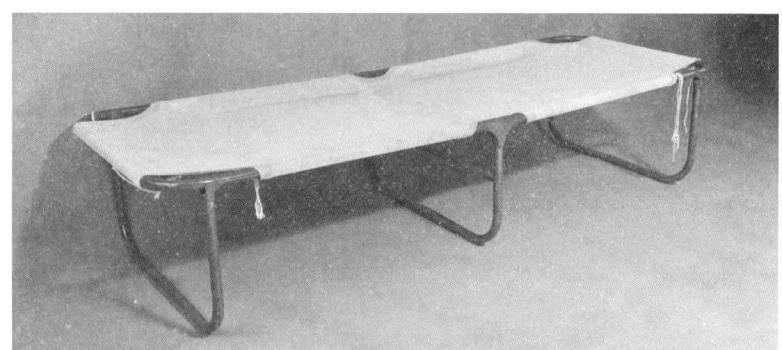

宋振明使用过的行军床

【文物年代】1960 年
【文物级别】国家一级文物
【文物编号】DQT1819
【文物尺寸】长 200 厘米，宽 90 厘米，高 32 厘米

文物背景

行军床系宋振明担任大庆石油会战第三探区指挥时使用。宋振明爱人侯秀兰捐献。行军床见证了大庆石油会战初期，领导干部与工人同吃、同住、同劳动的优良作风。

故事链接

党中央批准石油大会战后，石油工业部及时组建了松辽石油会战指挥部（对外称松辽石油勘探局）。1960年4月1日，松辽石油会战指挥部由长春迁往离油田最近的小城——安达。同时在油田内按片区成立了葡萄花、高台子、萨南、萨中、萨北五个探区指挥部。4月15日，撤销萨中、萨北指挥部，合并成立第三探区，指挥部设在现今大庆长途客运站附近的一个牛棚里。宋振明同志任指挥，张文斌同志任第一书记。同年10月20日石油会战领导机关由安达迁到萨尔图"二号院"（即现在的大庆油田历史陈列馆）。

当时，由于条件艰苦，会战大军都是自带行李。有一张行军床对会战职工来说是条件较好的了。

宋振明，1926年生，河北馆陶人，于1942年入党，曾任八路军129师旅宣传员、指导员。1944年，入抗大7分校学习。后任陕甘宁边区关中军分区营教导员、党委书记、独立团政治处主任、安康军分区干部部副部长。中华人民共和国成立后，历任玉门矿务局运输处处长，玉门石油管理局采油厂厂长、党委书记，大庆油田党委书记。1975年，任石油化学工业部副部长。1978—1980年，任石油工业部部长、国家能源委员会副主任。后任中国石油天然气勘探开发公司经理。第六届全国人大代表。中共第十届和第11届代表。1990年6月13日，因病在大庆逝世，享年64岁。

1952年，宋振明26岁时，随中国人民解放军十九军第57师

（即石油工程第一师）转业到玉门油矿，至1990年，他64岁去世，为石油工业的发展奋斗了38年。尤其是在参加大庆石油会战期间，他30出头，在余秋里、康世恩的直接领导下，负责大庆石油会战生产一线的指挥和管理工作。那时，他年富力强，精力充沛，做了大量的具有开拓性和创造性的工作。像发现铁人王进喜、树立典型，培养会战队伍"三老四严""四个一样"的作风；建立健全科学的岗位责任制度；建立集中统一的生产组织指挥系统；发扬"两论"起家、"两分法"前进的精神，推动大庆油田的不断发展等，做出了很大贡献。

1971年，他和其他干部一起，按照周总理"要恢复大庆'两论'起家基本功"的指示，以对党高度负责的精神，顶着各种压力，进行了大量艰苦细致的工作。为改变油田"两降一升"（即油田压力、产量下降，含水率上升）的被动局面，恢复油田良好的开发形势，他团结广大技术干部和职工，坚持把高度的革命精神和严格的科学态度结合起来，开展油田地下情况大调查，制定有针对性的调整措施，逐渐恢复生产管理中行之有效的规章制度，继续提倡"三老四严""四个一样"的作风，不断推进企业整顿工作。他坚持恢复大庆油田加强思想政治工作的优良传统，启发广大职工的事业心、责任感，做好后进职工的转化工作，激发起群众的生产热情，使油田生产的正常秩序得以逐步恢复。

1973年，按照国务院和周总理的指示，为了缓解我国能源紧张的局面，决定开发喇嘛甸油田。要求在两年内建成每年800万吨的生产能力。这又是一场时间紧、要求高、场面大的会战。刚被任命为大庆油田党委副书记的宋振明排除多种干扰，组织领导了这场会战。他提出了"四个大干"的口号（即大干社会主义有理，大干社会主义有功，大干社会主义光荣，大干了还要大干），大张旗鼓地开展大树标兵、表彰先进的活动，树立了"钢铁钻工"吴全清、"学习铁人的带头人"屈清华、"继承铁人精神的好队长"高金颖等十大标兵，使整个油田呈现了一片轰轰烈烈的喜人局面。1975年，不仅喇嘛甸油田全面建成投产，而且带动全油田产量上升，当年生产原油达到4600多万吨，为缓解当时国民经济的困难发挥了重要作用。

1975年，宋振明已是大庆油田党委书记兼革委会主任。按照时任石油化工部部长康世恩的要求，为了进一步解决国家能源紧张的局面，宋振明提出了"攻坚啃硬，再夺高产"。他发动全油田广大干部群众，并亲自动手，进行油田地下情况大调查、大讨论。在进行了充分的、大量的调查研究，获得了切实可靠的资料数据，以及干部群众思想高度统一的基础上，确定了"高产上五千，稳产再十年"的奋斗目标，并制订了相应的规划部署和科技措施。这个产量在当时相当于全国原油产量的一半以上。1976年，大庆油田实际生产原油5030万吨，为国家作出了重大贡献。自此以后，大庆油田经历了几届领导班子，经过他们的努力，年产5000万吨以上连续高产稳产了24年。这不仅对国家、对中国石油工业贡献巨大，就是在世界石油开发史上也是奇迹。

1975年10月，宋振明被任命为石油化学工业部副部长、党组副书记，仍兼任大庆油田党委书记和革委会主任。1976年，中央提出要推广大庆的基本经验，加强企业整顿工作。1977年4月，全国"工业学大庆会议"在大庆油田召开，当时的中央领导同志全部出席。宋振明负责会议筹备工作，并在大会上作了"高举毛主席的伟大旗帜，走我国自己工业发展的道路"的主题报告。接着，宋振明带领石油化学工业部"工业学大庆"检查团，奔赴全国各油田企业，推进深入学大庆的活动。

宋振明创造性的工作业绩、超人的工作能力和领导艺术、勤奋而严谨的工作作风和平易近人的高尚品德，都给人们留下了深刻印象。

领导干部与工人同吃同住同劳动，是大庆石油会战的优良传统之一。领导机关靠前指挥，也为石油大会战提供了坚强的组织保证。这架行军床就是最好的见证。

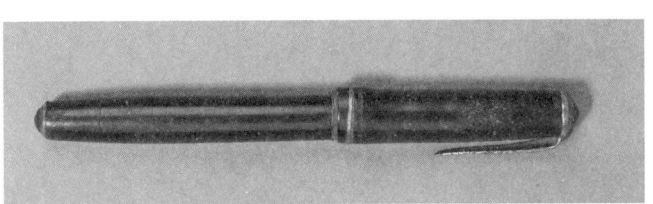

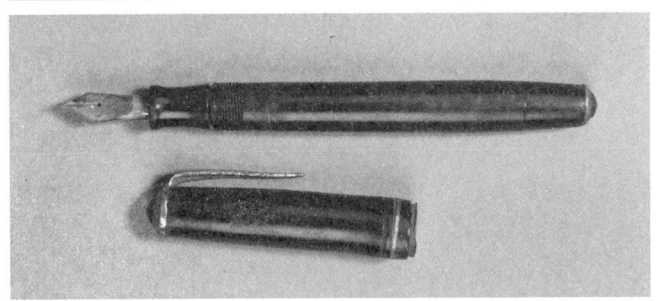

会战职工使用过的金星钢笔

【文物年代】1960 年

【文物级别】国家三级文物

【文物编号】DQT0057

【文物尺寸】长 13 厘米

文物背景

大庆石油会战职工学习用的金星钢笔，由原油建指挥部三大队职工郝尔栓捐献，是不可多得的珍贵文物。该物品是大庆石油会战职工学习《矛盾论》《实践论》记录笔记时使用的，具有一定的收藏价值。

故事链接

1960年4月10日，大庆石油会战指挥部用部机关党委的名义发出了"学'两论'的决定"。决定的标题叫《部机关党委关于学习毛泽东同志所著〈实践论〉和〈矛盾论〉的决定》。

决定发下来以后，萨中指挥部党委立即传达并订出规划，要求各大队和基层队立即组织党员、团员和全体职工学习"两论"。在工作组的帮助下，1205钻井队党支部也制订了一个计划，由孙永臣为组长组织全队学"两论"，决心不论工作怎么忙，会战怎么紧张，每天都要坚持学。

也真难为了这些文化程度不高的基层干部和工人，每天在井上忙完回队吃完饭，就坐下来在油灯下学"两论"，啃那对他们来说十分高深的哲学理论。第一天，全队一起学，孙学臣给大家念了一段，就按照"边读、边议"的要求叫大家议。冷场了一会儿，一个新到队的工人徐乃继站起来问："孙书记，什么叫矛盾呀？"孙永臣想了一会儿说："矛嘛就是刺人的，盾就是挡箭牌。"说得大家哈哈大笑。笑完以后，徐乃继说："我还是不明白！"孙永臣只好说："我文化低。不过我觉得这本书写得挺好的，内容很重要，咱们一定要好好学！"见此情景，王进喜很着急，想站起来说两句，一想自己也不会，能说啥呢？

真是天遂人愿。正在王进喜、孙永臣着急为难之时，指挥部给分来几位北京石油学院来实习的大学生。钻井队来了"喝墨水的"文化人,王进喜满心高兴,热情接待,安排他们当教授,帮助职工学"两论"。

有了老师情形就不一样了,每晚的学习,不仅念得清楚,讲得也明白。工人们很快就明白了什么是"矛盾",怎样叫"实践",还经常联系周围实际争论些问题,比如"质量与速度"的关系啦,"会打井算不算实践出真知"啦,"地质上和钻井工程上发生矛盾咋解决"啦,学会了运用辩证的思维,繁忙的钻井劳动中也充满了新的情趣。每天劳动完或打完一场突击,班长就说:"咱们来一段!"然后就坐下来由大学生念书、讲解,工人们提问题边学边议,不仅增长了知识,还消除了疲劳。每次全队开会,是先唱秦腔,再讲笑话,然后就"来一段"学"两论"。学习一开始,大家就严肃认真起来,有时还会争论得面红耳赤。

会战职工食堂使用过的餐盆

【文物年代】1960 年

【文物级别】国家三级文物

【文物编号】DQT0785

【文物尺寸】高 4.5 厘米，直径 16 厘米

文物背景

餐盆由会战时期负责钻井指挥部后勤工作的张汉栋捐献，见证了大庆石油会战时期职工的艰苦生活，对于研究大庆油田的开发建设历史具有十分重要的借鉴作用。

故事链接

20世纪60年代初，国家内遭自然灾害，外受经济封锁，粮食供应十分紧张，蔬菜少、豆油更少，肉蛋禽几乎难以见到……饥荒威胁到坚持会战的每一名职工。各单位都想尽办法度饥荒，尽量让职工吃得好一些。"增量法""代食品"等应运而生。广大工人、干部则挺直腰杆勒紧裤带坚持苦干。有人不得已卖掉手表、衣物换高价食品充饥，坚持生产。职工的体力在明显下降，浮肿病人迅速增加，至1960年12月，已达4800余人。

有一天，王进喜去一个队检查泥浆池开挖情况。老远连一个人也看不见，他以为工人在偷懒，禁不住心头火起。可走近一看，工人们都跪在坑里挖。有的喘着粗气，有的大汗淋漓，但他们还是不停地挖。有个工人实在挖不动了，就躺下歇一会，缓过劲来又一锹一锹地挖……见此情景，铁人流出了泪水，深为自己那股无名火内疚。他找到安装队长低声说："我们的工人太苦了，也太好了，再不要批评他们了。一定要想办法让他们吃饱！"

回到大队，他和几位领导商量，要把抓生活放在重要地位，无论如何要想办法让工人们吃得好一些，度过这一关。

从此，他下基层队首先要去看食堂，同基层干部、炊事员一起商量改进伙食办法。什么"增量法""代食品"，到野地挖冻萝卜、拣土豆、白菜，买粮、入库、下锅，粮食"三过秤"……他都一样一样认真检查落实。

个别时候活太累，他就拿自己

的钱到附近市场花高价买一面袋窝头或者土豆什么的发给工人们，叫他们垫垫饥。他对工人们说："为了大会战，你们受苦了。咱们一定要挺起脊梁骨，勒紧裤腰带，咬着牙度过这一关，形势会好起来的。"那时候，一个窝头、一个土豆都十分宝贵，工人们从这里看出了这位大队长的慈爱之心。

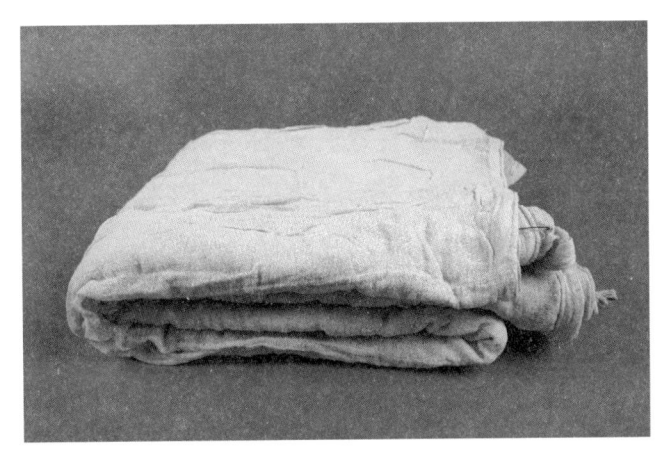

会战职工使用过的蚊帐

第三章 朴素情怀

【文物年代】1962 年

【文物级别】国家三级文物

【文物编号】DQT0031

【文物尺寸】长 200 厘米,宽 150 厘米,高 60 厘米

文物背景

1962年大庆石油会战职工用过的蚊帐，由大庆油田第二采油厂原工会主席张清玉捐献，是研究大庆油田开发建设历史具有重要价值的文物，充分表现了会战职工艰苦的工作、生活条件，有一定的收藏意义。

故事链接

1960年雨季，大庆的蚊子特别多。每当雨过天晴，蚊子就成群成团地到处飞。哈尔滨京剧院著名演员云燕铭来油田慰问，在井场清唱，一张口就有三四只蚊子飞进嘴里。

萨尔图的蚊子个头大、心眼多，不声不响飞来叮上就不撒口，直到把肚皮撑破为止。齐齐哈尔杂技团来慰问，有位演员表演蹬缸，那健美的双腿上不一会儿就叮满了一层黑乎乎的蚊虫，死叮不放。

为防蚊虫，各单位购置大量蚊帐帽让工人戴。钻井工人嫌它不方便很少戴，就在脸上手臂上涂一层泥浆或原油。而铁人呢，蚊帐帽也不戴，泥、油也不涂，硬是不怕蚊子咬。在广场上做报告，头上一盏灯，蚊虫成团围着灯泡飞，可王进喜照讲不误，一下子都不打。

在大庭广众中不打，就是在井场上劳动时也不打。

有一次上井架检查天车，工人拿个蚊帐帽给他戴上，他甩在一边说："戴个蚊帐帽捂住耳朵遮住脸，多不安全。"一团蚊子在他头上飞来飞去，到处叮咬，王进喜像没事一样，使在场的工人们深受感动。

还有一次修柴油机。王进喜蹲在钻台上洗链条，满头满脸叮了一层蚊子，他连一下也不打。实习生段功武看了实在心疼，就拿了一把草轰赶，王进喜不让。他说："你没看连人家杂技女演员都不怕蚊子咬，咱钻井工人还怕它！"段功武说:"那是演出没法打。现在能打,何必叫它咬。"王进喜说:"咳,你学大方点,叫它吃饱了不就不咬了嘛!"说得在场的人都哈哈笑起来。

这个蚊帐是会战职工张清玉在工作时使用的,反映了当时油田职工的野外工作和生活情况。

"铁人一口井"井长陈全友穿过的棉工服

【文物年代】1970年
【文物级别】国家三级文物
【文物编号】DQT5128
【文物尺寸】衣长75厘米，胸围104厘米，袖长63厘米

文物背景

1970年，全国劳动模范陈全友担任"铁人一口井"井长时穿过的棉工服，是油田代表性人物使用过的具有比较重要价值的文物，体现了20世纪70年代油田职工的劳保情况，对研究大庆油田的开发建设历史有一定帮助作用。

故事链接

陈全友于1961年到大庆参加石油会战。1983年，患胃癌住院，经医生全力抢救，胃切除了四分之三。病愈后，领导照顾他的身体，安排他在矿收发室工作，而他说啥也不肯，拖着虚弱的身体重返采油生产一线。1986年，到铁人井组当井长。1987年3月，他又一次住进医院，经过10个月的治疗，身体奇迹般地康复了。

这时正赶上1988年春节刚过，队里开始重新承包井组，他主动提出继续到铁人井组当井长。这个井组分管的3口油井都处在西部断块，地下矛盾突出，套管变形严重，出沙结垢多，日常还要负责铁人展览馆的参观、接待和卫生工作，管理难度和工作量都很大。他每天上班带上药、水、饭和工具袋，在井上一干就是一整天。1988年7月，一次巡回检查中，他发现萨55井压力反常，产量突然下降，尔后就不出油了。这下他可急坏了，一连3天蹲在井上观察压力，查找原因。当时正是夏季，井口房又小又闷热，油气熏得人喘不过气来。他和井组人员一起努力，终于排除故障使这口井恢复了正常生产，当年产原油2400多吨。

1988年，陈全友被大庆石油管理局党委命名为"无私奉献的采油工"。1989年，他被树为"大庆精神大庆人"宣传的十大标兵之一，并被评为全国劳动模范。

全国工业学大庆会议主席台上使用过的暖水瓶

【文物年代】1977 年

【文物级别】国家二级文物

【文物编号】DQT5272

【文物尺寸】高 36 厘米，直径 13 厘米

文物背景

全国工业学大庆会议于1977年4月20日在大庆油田举行。此文物系大会主席台上使用过的暖水瓶，是工业学大庆会议召开的最好见证和历史体现，此文物反应大庆油田发展历程中重大历史事件的特别重要的代表性文物。

故事链接

1964年1月25日，毛泽东主席向全国人民发出"工业学大庆"的号召，全国工业与交通战线掀起了学习大庆精神、学习大庆油田管理经验的热潮。各地区、各部门都涌现出了一批学大庆的先进企业、先进集体和先进人物。工业学大庆运动对当时振奋全国人民自力更生、奋发图强的精神，推进社会主义建设事业，起了很大作用。

1977年1月19日，中共中央发出《关于召开全国工业学大庆会议的通知》（简称《通知》），决定于1977年"五一"节前召开全国工业学大庆会议，动员全党、全国工人阶级，把工业学大庆推向一个新的阶段。《通知》对大庆的贡献、经验、精神、意义给予了高度评价。

1977年4月20日至5月13日，全国工业学大庆会议召开。大会分为两个阶段，先后在大庆和北京隆重举行。4月20日，会议在大庆油田开幕。时任中共中央主席、国务院总理华国锋主持开幕式，国务院副总理李先念致开幕词，大庆党委书记宋振明介绍大庆的基本经验。参会代表有7000多人。中共中央、国务院授予全国大庆式企业、全国先进企业称号2126个，授予全国先进生产者称号385人。4月27日，大会在北京继续进行。5月4日，国务院副总理余秋里受中央委托向大会作报告。5月14日大会闭幕。

在1977年召开的全国工业学大庆会议上，中央明确提出了6

条大庆式企业标准：（1）认真学习马列主义、毛泽东思想，坚持党的基本路线，坚持企业的社会主义方向；（2）有一个坚决执行党的路线和政策，密切联系群众，团结战斗，老、中、青三结合的党的领导核心；（3）有一支能打硬仗，具有"三老四严"革命作风的职工队伍；（4）坚持"两参一改三结合"的原则，有一套依靠群众、符合生产发展要求的科学的管理制度；（5）在技术革新和技术革新方面不断有新的成果，全面完成国家计划，主要技术经济指标达到国内先进水平；（6）坚持"五七"道路，以工为主，兼搞别样，在有条件的地方，像大庆油田那样搞好农业、林业、牧业、副业、渔业生产，在搞好生产的同时，安排好职工生活。特别是，这次大会重新肯定了大庆的成绩和经验，肯定了工业学大庆运动的作用和意义，再一次掀起了全国范围的工业学大庆运动。

第四章

温馨记忆

物见铁人

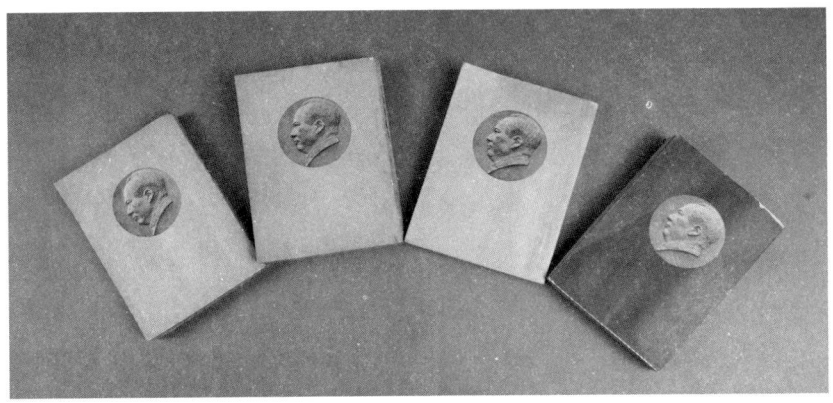

会战职工使用过的《毛泽东选集》一至四卷

【文物年代】20世纪60年代
【文物级别】国家三级文物
【文物编号】DQT0086
【文物尺寸】长21厘米，宽15.3厘米

文物背景

《毛泽东选集》一至四卷系大庆油田井下作业公司退休干部智玉昆捐献，由人民出版社出版发行，大庆石油会战职工学习时曾经用过。本套书对于研究中国革命历史具有很高的参考价值，对中国特色的社会主义建设具有现实借鉴作用，对指导大庆石油会战的全部工作也具有十分重要的作用。

故事链接

王进喜当了大队长以后，身边的技术干部、文化人多了。他就拜他们为师，请他们帮助自己认字、读毛主席的书。团总支干事卢泽洲、行政秘书廖兴礼、生产股技术员明清碧、刘显义……都曾当过王进喜的文化教员，经常帮助王进喜学习。据他们回忆，无论怎么忙，铁人每天都要挤时间学字，读毛主席的书。

每次学习，他念"毛著"的原文，让"老师"听。有不认识不熟悉的字，他就记在本子上，边查字典边认。对"毛著"中的一些观点，也是边学边议，师徒共议。一个人讲不清，再和第二个、第三个人讨论。这样既攻克了一道道文化关，又攀上了座座理论山。有时"老师"不在，王进喜就一个人学，不认识的字就自己学着查字典。经过两年的努力，他可以独立地看报、阅读文件，独立地学"毛选"、列简单的发言提纲了。1965年，他读完了《毛泽东选集》一至四卷的大部分文章，还写了一些心得体会。其中，《矛盾论》《实践论》《关于正确处理人民内部矛盾问题》《反对本本主义》《党委会的工作方法》《关心群众生活，注意工作方法》《纪念白求恩》《愚公移山》《为人民服务》等文章，他学习过多遍。

他注重学以致用，学了《党委会的工作方法》《关心群众生活，注意工作方法》等，认真地做了番思考，学会了耐心细致地做职工的思想工作。读到《在延安文艺座谈会上的讲话》时，在心灵上产生了强烈的震撼。他10岁给地主张武寅放过牛，最摸牛的脾气。一听毛主席讲鲁迅的两句诗，号召人们学习鲁迅，做人民大众的"牛"，就想到了小时候放牛的情景，深埋心底的那股"黄牛情结"激荡起一种无法遏制的热情，他下决心按毛主席的教导做一个党和人民的"孺子牛"。

《战报》合订本

第四章 温馨记忆

【文物年代】1960年4月13日至12月31日
【文物级别】国家一级文物
【文物编号】DQT0452
【文物尺寸】长37厘米，宽26厘米

文物背景

1960年4月13日至12月31日的大庆《战报》合订本，反映了大庆石油会战第一年的油田生产情况、思想政治工作情况、职工队伍建设情况等。由大庆油田文化集团资料室捐献，它是大庆石油会战从正式打响到年底生产原油97.1万吨，收回国家投资29%的有力证明。

故事链接

《战报》是大庆石油会战指挥部党委机关报，于1960年4月13日正式创刊。创刊号上刊发了《部机关党委关于学习毛泽东同志所著〈实践论〉和〈矛盾论〉的决定》；6月16日第二期上刊发了余秋里部长号召全面开展"六大"运动，开展"学铁人，做铁人活动"的消息；7月30日第45期刊发了开展学习"王、马、段、薛、朱"五面红旗活动的通知。

今人评说石油大会战的胜利，靠的是"三个一"：一是坚持了一条道路——社会主义道路。在困难时期人力、物力、财力都有限的条件下，大会战坚决贯彻奋发图强、自力更生、艰苦奋斗、勤俭建国的方针，发挥社会主义积极因素，集中优势兵力打歼灭战，并得到了全国人民的大力支援。二是做出了一个决定——学"两论"决定。明确提出用毛泽东同志《矛盾论》《实践论》，即马克思列宁主义、毛泽东思想的立场、观点和方法指导石油大会战的全部工作，解决所面临的复杂矛盾，战胜极端困难。三是树立了一个典型——"铁人"王进喜。放手发动群众，号召人人学铁人做铁人，极大地调动了会战职工建设社会主义的积极性，极大地解放了生产力。这"三个一"是石油大会战取得胜利的三大法宝。

《战报》作为舆论宣传工具，在石油大会战中发挥了重要作用，在那个历史年代它像战斗的号角，一次又一次吹响了石油大会战的冲锋号。

1968年5月31日，更名为《大庆战报》。

1980年12月9日，更名为《大庆报》。

1982年5月1日，更名为《大庆日报》至今。

《战报》作为文物，为学习和研究大庆石油会战历史提供了宝贵的资料。

物见铁人

记载『铁人言行录』的日记本

【文物年代】1963 年 5 月
【文物级别】国家二级文物
【文物编号】DQT0393
【文物尺寸】长 13.5 厘米，宽 10 厘米

文物背景

此文物系《铁人传》作者孙宝范1963年在铁人王进喜身边工作时记录的"铁人王进喜写实"日记本,包括铁人王进喜的工作、学习、生活和参加会议等情况。2005年5月,由作者捐赠给铁人王进喜纪念馆。该文物对于了解王进喜的思想具有不可替代的价值。

故事链接

1963年5月,大庆战区文工团编剧孙宝范按照大庆政治部领导要求,到钻井指挥部生产二大队当干事,直接在大队长铁人王进喜的领导下工作。他的任务是帮助铁人做些力所能及的工作,主要是为铁人"写实",也就是把铁人每天的言行都记录下来。时间从1963年8月20日到9月9日。

内容有以下几个方面:

一是开会记录。包括铁人参加钻井指挥部党委扩大会、质量分析会的会议内容和他在会上的发言记录。

这两个会主要解决钻井不注意设备管理,个别队打井质量超过规定的问题。铁人在会上检讨了自己思想上不重视,行动上抓得不狠、不严,表示决心要改正,争取尽快扭转局面。

另外,还有二大队召开职工大会贯彻上级精神的安排和铁人的讲话记录。在这些讲话中,铁人提出很多主张。比如,提出"我们国家要做到省省有油田,管线连成网"。他反复强调为打直要改变钻具结构,用"大钻铤小钻头""多加扶正器和方接头"等。

二是孙宝范随铁人下基层、跑井场,为井队解决生产、技术和生活难题的相关记录。这一段时间,铁人强调的是思想上要重视设备"五好"和质量保证,他说"光写到墙上,记到本上不行,必须记到心里,用在手上""脑瓜里有了直井,才能打出直井"。工人张秀志因交接班的问题和人打架,铁人大队长非常重视,叫孙宝范把他的检讨书、保证书抄到笔记本上,念给他听,研究解决办法,几次到队上找他谈心,花了不少心思。生产技术上主要是抓质量。铁人通过蹲点,召开座谈会、分析会,上钻台把着手教等各种办法,推广1281钻井队和1275钻井队的经验。生活上,每到一队都是先到食堂、后到井场,了解职工的生活情况,这方面抓得很实。

三是铁人参加劳动的情况。铁人上井历来是见活就干,一边劳动,一边和干部工人一起研究解决问题的办法。这些天里,他重点到1284钻井队劳动一次,解决设备管理问题;到1281钻井队重点劳动一次,解决钻井速度减慢"如何打快"的问题。到1205钻井队多次,全面解决问题。这个队年初出了事故,丢了标杆,铁人花大量精力、时间帮助他们"从哪儿跌倒从哪儿爬起来",8月份已大见起色。

四是随时随地记录铁人的故事。比如:"教育弟弟不怕苦""教育工人懂礼貌""路上等人捎脚""给没牙的干部下面条"等都很生动。其中,用"申公豹头脑反长着"教育工人做好事,多行善;用"杨二郎对付十二个太阳"教育工人严守责任制不要乱来等很有情趣。

五是个人体会和认识。以"今日我想""看到的人、景、事"等为栏目,随时记录个人对铁人性格特征、铁人精神的认识。如"铁人不仅像钢一样硬,还有柔情的一面。"铁人走路"踢踏响",说明铁人工作生活节奏快等。

刊登《我国石油产品基本自给》的《人民日报》

【文物年代】1963年12月26日
【文物级别】国家三级文物
【文物编号】DQT0825
【文物尺寸】长53厘米，宽37厘米

文物背景

1963年12月26日刊登《我国石油产品基本自给》的《人民日报》，是反映大庆油田发展历程中重大历史事件的特别重要的代表性文物，保存完整，字迹清晰，具有较高的史料研究价值和历史价值。

故事链接

中华人民共和国成立前，我国石油工业的基础十分薄弱，仅有甘肃玉门老君庙油田、新疆独山子油田、陕西延长油田等几个小规模油田，年产量不足12万吨。国内消费的石油基本上依靠进口。中华人民共和国成立后，先后开发建设了克拉玛依油田、冷湖油田和四川油气田，扩大了玉门油田，初步形成了玉门、新疆、青海、四川4个石油与天然气生产基地。"二五"期间，我国在东北、华北、西南等地区的几个大盆地进行的区域勘探取得新的进展。1959年，全国原油产量达到373万吨，主要石油产品自给率达到40.6%。但是，这个产量远远不能满足国家经济建设的需要。

20世纪60年代初，松基三井的喷油标志着大庆油田的发现。从1960年开始，经过3年多的奋战，到1963年底，累计生产原油1166.2万吨，占全国同期原油产量的51.3%，共完成财政上缴10.6亿元，除回收投资外，为国家积累资金3.5亿元，形成了年产600万吨原油的生产能力，高速度、高水平地探明和建设了大庆油田，从根本上改变了中国石油工业的面貌。

1963年12月4日，《第二届全国人民代表大会第四次会议新闻公报》宣布："我国需要的石油，过去绝大部分依靠进口，现在已经可以基本自给了"。

刊登《大庆精神 大庆人》的《人民日报》

第四章 温馨记忆

【文物年代】1964年4月20日
【文物级别】国家三级文物
【文物编号】DQT1886
【文物尺寸】长56厘米，宽39.5厘米

物见铁人

文物背景

1964年4月20日刊登《大庆精神 大庆人》的《人民日报》,是第一篇公开向全国报道大庆石油会战情况的长篇通讯,是反映大庆油田发展历程中重大历史事件的特别重要的代表性文物,具有较高的理论研究价值。

故事链接

1964年4月19日,中央人民广播电台首次向全国广播了新华社记者袁木、范荣康采写的《大庆精神 大庆人》,4月20日《人民日报》全文发表。并配发"编后话"指出:"大庆精神,就是无产阶级的革命精神。大庆人,是特种材料制成的人,就是用无产阶级革命精神武装起来的人。这种精神、这种人,正是我们学习的崇高榜样。"

该文通过许多典型人物和生动事迹,客观地介绍了大庆人在困难的时候、困难的地方、困难的条件下,以"两论"为指导,发扬自力更生、艰苦奋斗的传统,用革命加拼命的精神展开夺油大会战的情况。赞扬了以铁人王进喜为代表的大庆人奋发图强的爱国主义精神;风餐露宿,人拉肩扛,战胜困难的艰苦创业精神;为了全国人民的远大理想甘愿吃大苦、耐大劳,甚至不惜牺牲个人一切的献身精神;为油田建设负责一辈子的主人翁责任感。对工作一丝不苟,高标准、严要求的严细作风;取全取准20项资料72个数据,保证一个不少、一个不错的科学求实精神;关心别人胜过自己的团结友爱精神,在成绩面前还要"冷一冷",坚持"两分法"前进的可贵品质。高度评价了大庆精神是延安精神的发扬和光大。

该文发表后,在全国引起强烈反响,使大庆人受到很大的鼓舞和鞭策。这也是第一篇公开向全国报道大庆石油会战情况的长篇通讯。大庆油田也从此开始享誉全国。

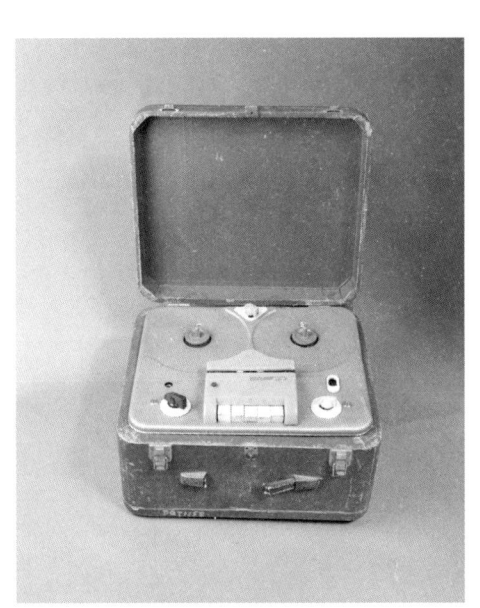

录制王进喜讲话的钟声牌810录音机

第四章 温馨记忆

【文物年代】1965年

【文物级别】国家三级文物

【文物编号】DQT1930

【文物尺寸】长41厘米，宽34厘米，高20厘米

文物背景

钟声牌810录音机由原大庆油田研究院政治部吴惠民捐献，系1965年7月24日石油工业部政工会上录制王进喜讲话时用过的，见证了铁人王进喜的英姿风采，对于深入研究铁人精神具有重要的借鉴作用。

故事链接

1965年6月，铁人王进喜担任大庆油田钻井指挥部党委常委、钻井指挥部副指挥。由大队长提升为副指挥，职务变了，但王进喜说："当了领导我仍然是个钻工。"这说明他并不在意职位的高低。但另一方面，职务的变化给王进喜带来的是更大的压力。他准备吃更多的苦，出更多的力，要为发展祖国石油工业做更多的事情。在他的心里，酝酿着更高、更大的奋斗目标。

1965年7月，石油工业部政工会在大庆召开。7月24日，王进喜在会上做了题为《为石油事业艰苦奋斗一辈子》的长篇发言，引起了巨大的反响。在这个发言的结束部分他讲了这样一段话：

我感觉要把我国石油落后的帽子彻底拿掉，得干。要多打井、多找油。要打生产1000吨的、800吨的（高产）井，打四千、五千公尺的深井。总想要在我们国家每一个省里边找出油田来……将来我们国家石油啊，按我们国家六亿五千万人口算，一个人搞上半吨石油我想就可以。报上说"基本自给"了，就是说还缺一点，还没有全部过关。我看我们国家六亿五千万人口每人搞上半吨石油，有可能。可能不可能呀，我也是冒说的。我想有我们党，有主席，有我们部党委，有我们全体职工，我看有可能性。

这段讲话似乎平淡，但其中鼓荡着激情，表现出气魄，是铁人向更高目标前进的宣言。据捐献录音机的吴惠民介绍，这次发言大约两个小时，铁人讲得很生动，现场观众气氛很热烈，就连他们负责录音工作的同志都感到光荣。

李敬日记

第四章 温馨记忆

【文物年代】1960年至1966年
【文物级别】国家一级文物
【文物编号】DQT0932
【文物尺寸】长25厘米，宽17厘米，总厚度35厘米

文物背景

"李敬日记"是原石油工业部副部长李敬1960年1月至1966年12月期间的日记，共7本，记载了李敬参加大庆石油会战的经历，大庆油田开发建设过程中的重大事件等，李敬本人捐献。它是非常珍贵的有关大庆石油会战原始资料，具有历史价值。

故事链接

李敬出生于陕西省扶风县一个贫苦农民家庭。1949年4月，李敬参加革命，1947年加入中国共产党。1952年8月，他随中国人民解放军57师集体转业从事石油事业。他曾先后转战玉门、四川、大庆、江汉、长庆、新疆、胜利等油田。历任川中矿务局南充钻探大队长、大庆第二探区党委书记兼指挥、钻井指挥部指挥、大庆石油会战指挥部副指挥；四川石油会战指挥部副指挥；南疆会战领导小组组长；石油工业部副部长兼新疆石油管理局党委书记兼局长及克拉玛依市市委书记、市革委会主任；石油工业部副部长兼胜利油田会战指挥部指挥等职。1990年，李敬从工作岗位退休。现社会职务为北京市石油人文化俱乐部顾问，《油化纵横》杂志顾问委员会顾问。

1960年2月李敬从四川油田来大庆参加石油大会战。1960年10月，任松辽石油勘探局钻井指挥部指挥，是王进喜的直接领导，与王进喜交往甚密。李敬自1946年开始记日记，其中1960年至1966年的7本日记，记载了他参加大庆石油会战的经历，尤其记录了他和铁人王进喜的交往、铁人的事迹以及他本人学铁人的心得体会及重要会议记录等，是非常珍贵的大庆石油会战历史资料。

王进喜对李敬非常尊敬，感情深厚。1961年，油田因为钻井质量问题召开职工大会，会上，康世恩指挥点名让钻井指挥部领导李敬、李云站到主席台上接受批评。王进喜因为有事来晚了，队友们让躲避一下，说领导正发火呢。铁人没有回避，他认为，躲避责任不是一个共产党人所为，便主动走上主席台，和李敬、李云站在一起接受康世恩指挥的批评。这种敢于承担责任的举动让李敬非常感动。尤其是"文革"期间，李敬被劳动改造，王进喜奔走呼号解放老干部，解放李敬，几十年之后回忆起来仍然让李敬落泪。

1969年开发江汉油田，大庆油田共抽调干部、工人5326人支援新区开发。当时，李敬就在江汉油田接受劳动改造。1970年春节前夕，铁人带领慰问团赴江汉慰问会战干部职工。

这天，铁人在武汉军区一名副司令员和江汉会战副指挥焦力人的陪同下来到了四川参战指挥部。一进门铁人就问："李指挥哪去了？"大家一愣，这时焦力人说："他说的是李敬。"铁人接着说："是呀！李敬在大庆时是我们的钻井指挥，是我的老上级、老领导啊。"

一个干部告诉副司令员："李敬是川中会战的副总指挥，现在还在下面烧茶炉呢。"

"怎么，烧茶炉呢？咱们见见李敬怎么样？"铁人故作惊讶的样子对副司令员说。副司令员只好派人去叫李敬。

不一会儿，两名看守押着李敬来了，一见铁人，李敬的眼睛就红了。铁人疾步上前双手扶着李敬的双肩，哽咽着说："李指挥，可让你受苦了！"然后把一枚毛主席像章戴在了李敬胸前。

在场的人有的感动，有的惊诧，那两名看守见状急急忙忙上来拦住铁人说："他有罪！"

"他有狗屁罪，你们赶紧走吧。"铁人气愤地赶走了看守，拉李敬坐下像老友重逢、家人团聚一样聊了起来。

第二天，铁人对那位副司令和其他几位领导说："我建议把李敬解放出来，让他工作，诸位有这个胆量和决心吗？"闻听此话，一位领导为难地说："下面反映李敬写了几十万字的日记，里面有不少反动思想，恐怕……"铁人抢过话题："我知道。他的日记写的都是党中央、毛主席对石油工业的指示、讲话，还有每天为大会战干了什么事、有什么经验教训，能有什么反动思想啊！再说了，每篇日记都有当时的环境、当时的情况，我们不能用现在的眼光去衡量。总不能因为几篇日记就打倒吧。"

在铁人的努力下，李敬于当年7月被解放出来，任会战13团副团长，主抓生产，指挥打井，又恢复到了大庆石油会战时的那股劲。

李敬在捐献他的日记时激动地说："'文革'期间我被定为走资派，这几本日记成了'反党言论录'，铁人不计个人得失，冒险做解放我的工作，不光是对我负责，首先是对党负责；不光相信我不是反革命，更坚信党的政策。他到江汉是慰问，完全可以风风光光走一圈，不必管这样担风险的事情。可他却要管，管得那么认真。这就是国家主人翁的本色，这就是优秀共产党员的本色。"

李中石随32111钻井队巡回演讲团在大庆期间的日记

第四章 温馨记忆

【文物年代】1966年10月

【文物级别】一般文物

【文物编号】DQT24698

【文物尺寸】长18厘米，宽12.5厘米

文物背景

日记本为硬皮封面，整体保存完好，记录了1966年10月8日至12月18日李中石的工作生活情况，其中包括随32111钻井队巡回演讲团在大庆期间的学习生活。日记本由李中石无偿捐赠。

故事链接

1966年，为了甩掉贫油的帽子，按照中共中央的决定和毛主席的指示，从大庆、克拉玛依、玉门等油田陆续征调来的精兵强将和从成都、重庆、威远等地招募而来的大批民工队伍，迅速赶赴"三线建设"战场，在川南、川中、川东、川西北等地"开气找油"。32111钻井队便是"开气找油"队伍中的一支代表。他们钻深山、入戈壁、穿沙漠、越草原，终于来到合江县与江津交界的"塘一井"。在党员先锋带领下，他们风餐露宿，披星戴月，一个月干了三个月的工作，终于打穿了一口高产高压气井。胜利的喜悦还没散去，新的危机却悄然而至。1966年6月，32111钻井队在重庆市江津区塘河上塘村打出第一口产量大、压力高的天然气井。6月22日凌晨1时，该钻井队正在进行投入生产前的最后一项工作，即并井测压时，由于气井压力急骤上升，井口出气的一根无缝钢管突然破裂，爆发了宽50多米、高30多米的一场大火。经过30分钟的生死搏斗，32111钻井队的英雄们终于扑灭了这场冲天大火，保住了这个新开的大气井。在这次战斗中，32111钻井队有6位同志壮烈牺牲，21位同志光荣负伤。当天，石油工业部党委致电慰问。6月24日，中共中央西南局建设委员会致电慰问。3个月后，32111钻井队的英勇事迹迅速传遍了国内。9月26日，《人民日报》发表《32111英雄钻井队扑灭火海保住大气井》的文章，并刊发《毛泽东思想是革命人民的灵魂》的社论，称这次救火是"伟大毛泽东思想的又一曲响彻云霄的凯歌"。新华社、《解放军报》《中国青年报》《工人日报》《四川日报》、中央人民广播电台等全国数十家新闻媒体也同时报道了32111钻井队的英勇事迹。32111钻井队英雄集体成为时代的楷模。震惊全国的石油32111钻井队血战火海英雄事件发生后,李中石被调到四川石油会战总部参演大型歌舞《血战火海》在全国巡演,1966年10月17日,他和32111钻井队英雄一起来到大庆,受到油田领导及以铁人王进喜为代表的大庆劳模的热烈欢迎。李中石便用这本日记本记录了他1966年10月8日至12月18日随32111钻井队巡回演讲团在大庆期间的学习生活。

日记里写道:"列车徐徐进站,我们受到在严寒中等候多时的大庆工委领导、劳模及数千群众的热烈欢迎。锣鼓声、鞭炮声、口号声、欢呼声响成一片。站台上毛主席画像、红旗、鲜花汇成红色的欢乐海洋。大庆以王铁人为首的十大标兵,上前为英雄们披红戴花。王铁人等标兵和我们一一握手,少先队员给我们献花,我们和英雄一起受到热烈的夹道欢迎。大庆人高呼:'向32111队英雄学习!向32111队英雄致敬!'我们则高呼:'向大庆人学习!向大庆人致敬!'"大庆,是当年李中石向往的铁人王进喜工作生活的地方。在大庆期间,李中石参观了北二注水站、西油库等单位,学习了"约法三章"等会战优良传统,感受了会战职工的工作状态和文化生活。2023年,李中石将这本跟随了自己大半生的珍贵日记本捐献给了铁人王进喜纪念馆,表达了他对铁人王进喜的深厚感情。

物见铁人

杨显撰写《深情悼念铁人 永远学习铁人》文章的手稿

【文物年代】1970年11月
【文物级别】国家三级文物
【文物编号】DQT3500
【文物尺寸】长26.5厘米，宽19厘米

文物背景

杨显是王进喜的弟媳，她的手稿《深情悼念铁人 永远学习铁人》是于 1970 年 11 月 16 日为大庆油田召开的铁人王进喜逝世追悼大会家属代表所写的一篇悼念文章。该文物具有研究价值、收藏价值和一定的历史纪念意义。

故事链接

杨显是王进喜的弟弟王进邦的媳妇，本不在大庆工作。她对王进喜的了解有一个过程。

1964 年过春节时，未过门的弟媳杨显从兰州回大庆探亲，除夕夜到未来的婆婆家过年守岁。干打垒里，灯火通明，全家人高高兴兴包饺子，孩子们跑进跑出，过年的气氛喜庆而浓烈。

可是，一家之主——铁人王进喜总是不露面。杨显心里犯疑：这大过年的，上有 68 岁的老母，下有 2 岁的娃子，大哥咋不回来过年呢？

老太太看出姑娘的心事，忙对她说："孩子，你别见怪，你大哥公家事忙，年年三十夜都不回来，我们已经习惯了！"

外面传来鞭炮声，要吃年夜饭了，杨显说要等等大哥，老太太又说："他忙，咱们不用再等了。"全家人高高兴兴吃年饭，谁也不觉得缺一个主人有什么不正常。

过了几天，可能是正月初五六的晚上八九点钟，王进喜坐车来到东油库杨家看杨显和她的母亲、继父。初次见面，话语不多，但给杨显留下了深刻的印象。大哥送给她一双当时还很少见的尼龙袜子，作为见面礼。王进喜对杨显说："你来大庆少，还不太了解，现在国家正缺油，大庆油田这么好，大家日夜苦战，就是想多打井，多出油，解决全国人民急需。所以大哥没早来看你！"他只唠了不到十分钟就匆匆告辞。临别时，铁人说："你家成分不好，千万别背包袱。我历来主张家庭出身看本人，重在表现。一定好好学习，掌握本领将来才能教好孩子。"

在那个年代，大哥这几句话说得杨显心里热乎乎的。

1967年春节，杨显二登婆家门。这一次看到的是别一番情景："文革"动乱中大哥遭迫害，不知去向，抄家的人走一车又来一车。年逾古稀的白发老母，牵挂儿子痛不欲生；老实的王兰英惦念丈夫，真不知咋办好了；全家人担心铁人，愁云密布……

这一年的10月，王进邦和杨显买了糖果、瓜子和香烟，在二大队会议室举行了一个简朴的婚礼。王进喜正在东风参加所谓的"学习班"不能来，提前给了100元钱。他对二位新人说："这是大哥大嫂一点心意，你们别嫌少。"杨显看着消瘦的大哥，想到没完没了的批斗和顶着压力忙不完的工作，十分感动，心里想铁人长的是一颗火热的心，真如大家说的那样是一身铁骨，满腹柔肠。对大哥的理解又深了一层。

杨显说："开始我认为大哥没家庭意识，不顾家。老太太说他不是不顾家，他是顾不上。事实证明了铁人是又顾国又顾家，只是在家时间少些，花的精力少些。但时间少感情深，精力少要求严，彻底地负起了一个儿子、丈夫、兄长、父亲的责任。"

黑龙江省电影发行放映公司发行的《大庆战歌》电影胶片

【文物年代】20世纪70年代
【文物级别】一般文物
【文物编号】DQT0410
【文物尺寸】直径28厘米

文物背景

20世纪70年代，黑龙江省电影发行放映公司发行的《大庆战歌》电影胶片一套9本，系铁人王进喜纪念馆从大庆市电影公司购买。《大庆战歌》歌颂了大庆油田职工为油拼搏、无私奉献的精神，具有很高的史料价值，对于研究大庆油田的开发建设历史有着十分重要的借鉴作用。

故事链接

《大庆战歌》是周恩来总理于1965年初指示拍摄的第一部比较全面反映大庆石油会战英雄业绩和大庆精神的艺术性纪录片。徐文野、向守康、孙宝范、赵明勋等撰文，上海电影局局长、著名导演兼编剧张骏祥任总导演，孙永平任副导演，上海海燕电影制片厂摄制。

1964年底，周总理找上海电影局局长、著名导演张骏祥商谈，希望他拍一部反映大庆生活的纪录片。张骏祥把总理的意见向石油工业部转达后，石油工业部副部长康世恩十分重视，要求大庆立即协助张骏祥做好筹备工作。主持大庆工作的徐今强副部长也很重视，专门召开了工委会议，决定由会战政治部和会战指挥部负责具体筹备工作，并由会战政治部副主任兼宣传部部长徐文野负责组织撰稿。又成立了"电影调度"机构，负责拍摄的组织工作。上海海燕电影制片厂组织了精兵强将，组成了包括摄影、美工、灯光、服装、道具各部门在内的40余人的摄制组。

《大庆战歌》主要分3部分：第一部分反映革命精神；第二部分反映科学态度；第三部分反映"三基"工作。对大庆石油会战时期的基本经验和做法、重大事件以及有代表性的先进集体和个人都有所反映。在创作与拍摄中，有关人员做了大量调查研究，查阅了大量历史文献，采访了几乎所有的当事人，采取在保证历史真实的前提下，适当加以集中和典型化的手法，对一些重大历史事件做了补拍，同时与现实中抢拍相结合，力求达到全片的完美与和谐。一些历史场面，如篝火学"两论"、人拉肩扛、万人誓师大会、"五把铁锹闹革命"等，都比较准确地恢复了当年的场面。有些内容，如"日吊4塔"等，则是利用现实中正在发生的同类场景进行抢拍的。中央领导人视察大庆等珍贵镜头，有的是现场抢拍，如周总理第三次视察大庆，有的是利用历史资料。

1966年国庆前夕，该片完成拍摄并送审。周总理看后表示满意，意见是有些地方过细，稍长了些。修改后即定稿。但由于"四人帮"的干扰破坏，该片未能及时发行。直至粉碎"四人帮"后，才公开发行上映。由于该片中有些镜头系补拍而成，所以称为"艺术性纪录片"。

这部电影真实再现了以铁人王进喜为代表的大庆石油人为早日拿下大油田战天斗地的光辉历程，歌颂了中国工人阶级大无畏的英雄气概，是学习大庆精神铁人精神的好教材。

尤其值得一提的是1966年3月底，大庆的天气乍暖还寒。摄制组决定在油田中区南部的一口井上拍摄王进喜1960年带领1205钻井队从玉门油田千里迢迢赶到大庆参加石油大会战。由于会战上得猛，吊车、拖拉机不够用。为了争取时间，早日开钻，拿下大油田，王进喜带领全队工人，用人拉肩扛加滚杠的办法，把搬运到井场的钻机设备零部件安装起来，这是《大庆战歌》里的一个重场戏，1205钻井队四五十人参加了拍摄，场面很大。

张骏祥站在摄影师的身旁，在一辆卡车上手拿话筒居高临下指挥。

这时，钻台已经安装完毕，王进喜站在上面指挥工人往上抬钻机绞车。他让工人把四根钻杆斜搭在钻台上,用撬杠和棕绳,通过钻杆搭成的斜坡,一点一点把绞车向上拉动。王进喜一会儿在上面用手拉棕绳,一会儿又下来用撬杠撬。当钻机绞车快要搬上钻台时,王进喜高声喊着号子:"一、二!一、二!"双手上下有节奏地拼命挥舞着,指挥大家,一鼓作气把绞车拉上钻台,全然忘了是在拍电影。

张骏祥被眼前的场面感动了,他觉得非常满意,尤其是王进喜,那么自然、投入,一点儿也没有作戏的感觉,他暗自夸奖王进喜:如果当演员,他一定是一位"功勋演员"。

刊登《中国工人阶级的先锋战士——铁人王进喜》的《人民日报》

【文物年代】1972 年 1 月 27 日
【文物级别】国家三级文物
【文物编号】DQT0834
【文物尺寸】长 53 厘米，宽 37 厘米

物见铁人

文物背景

1972年1月27日,《人民日报》第一版刊登文章《中国工人阶级的先锋战士——铁人王进喜》,全面反映了铁人王进喜的英雄事迹以及他为我国石油工业做出的巨大贡献,具有一定的史料研究价值。

故事链接

1972年1月27日,《人民日报》第一版刊登了由大庆革委会报道组和新华社记者联合采写的长篇通讯《中国工人阶级的先锋战士——铁人王进喜》,全面展示了铁人王进喜不平凡的一生。短短47年人生历程中,他为我国石油工业发展做出了巨大贡献,不愧为我国工人阶级的先锋战士、大庆油田的英雄代表。通讯从"一不怕苦二不怕死的铁人""捍卫毛主席革命路线的英雄""胸怀远大目标的革命先锋""为革命鞠躬尽瘁,奋战终生"等四个方面,对铁人王进喜的先进事迹进行了全面的展示。

正如文章所写:"人们怀念铁人,不仅由于他对发展我国石油工业做出了卓越贡献,重要的是,他用自己毕生的实践,为我们树立了一个我国工人阶级先锋战士的光辉形象。""当前,全国'工业学大庆'的群众运动正在蓬勃发展,千千万万的工人和干部,无不怀着崇敬和自豪的心情,立志'做铁人式的好工人、好干部',他们把铁人的英雄的一生,当作自己学习的榜样。"

文章发表后,在祖国各地引起了强烈的反响,江西、福建、山西、吉林、河北、四川、河南、黑龙江等省纷纷印发《中国工人阶级的先锋战士——铁人王进喜》,许多人看完文章后,激动得热泪盈眶,纷纷表示要继承铁人遗志,建设我们伟大的社会主义国家。

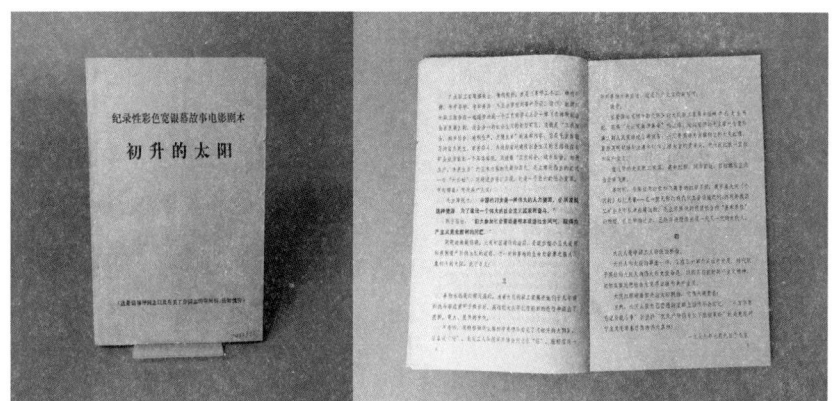

第四章 温馨记忆

《初升的太阳》剧本

【文物年代】1977年9月
【文物级别】国家三级文物
【文物编号】DQT0991
【文物尺寸】长25.5厘米，宽18.5厘米

文物背景

1977年9月出版的《初升的太阳》剧本，讲述了大庆石油职工家属组织起来参加集体生产劳动的故事，热情歌颂了大庆石油职工家属战天斗地、做石油会战坚强后盾的创举，描绘了一代新人的成长历程，对于研究大庆油田的开发建设历史具有十分重要的价值。

故事链接

六幕话剧《初升的太阳》导演是中国青年艺术剧院孙维世。剧本是她和爱人金山同大庆油田职工家属一起创作出来的。1966年4月，在首都北京公演，受到了首都人民的热烈欢迎。话剧歌颂了大庆职工家属参加集体生产劳动的感人事迹，描绘了他们的成长历程，同时展现出大庆油田这个"城乡结合、工农结合、有利生产、方便生活"的社会主义新型矿区的沸腾生活。正式公演前，大庆职工家属曾经在首都的机关、部队、学校等单位汇报演出100多场。人们称赞《初升的太阳》是"厂矿职工家属革命的一面红旗"。

为创作好《初升的太阳》，孙维世、金山夫妇不顾自己年纪大、身体弱，在大庆长期体验生活。还把自己女儿送到家属管理站参加劳动。尤其是孙维世在二大队体验生活时，非要住到井队去。王进喜怕她身体吃不消不同意，惹得孙维世发了脾气，才做了安排。打冰上井时，孙维世又要到零下40多摄氏度的湖面上去住。王进喜劝不住，只好让井队特意腾出一间房，做了周密的准备。孙维世住到井上，经常和铁人一起上井，一起劳动，一起开会，一起学习毛主席著作。通过这样亲密的接触，王进喜看到了孙维世对石油、对大庆的一片真诚，孙维世也更深刻地了解了铁人，两人成为至交。铁人把孙维世当作老大姐，向她"亮丑"，把自己受过处分、踢过工人钱贵明等都讲出来，表露心迹，说出因改不了老毛病的苦恼。孙维世也以大姐的口吻劝铁人一定要只争朝夕认真改，但也不要想一朝成佛。

1966年初，孙维世离开大庆时，把一个当时还很少见的进口微型半导体收音机送给铁人，铁人坚持不收。孙维世又用报纸包好托大队总支干事邵泽波交给铁人，铁人为此批评了邵泽波一顿。这个半导体，铁人一直珍藏着。

"文革"时期，孙维世受到残酷迫害，被关押起来。王进喜不怕受牵连，于1967年初到北京南河沿孙维世家去找金山打听情况，回到大庆又和接待过孙维世的人员联系，告诉他们一定要实事求是，提高警惕。当"专案组"来大庆调查时，王进喜斩钉截铁地说："孙维世和金山来大庆时，深入生活搞好创作，我看什么问题也没有。"

黑龙江省电影发行放映公司发行的《石油盛开大庆花》电影胶片

【文物年代】20世纪70年代

【文物级别】一般文物

【文物编号】DQT0415

【文物尺寸】直径28厘米

文物背景

1975年黑龙江省电影发行放映公司发行的《石油盛开大庆花》电影胶片，系铁人王进喜纪念馆于2004年6月从大庆市电影公司征集到的。影片记录了我国石油战线学大庆的情况，对于研究我国石油工业发展历史有一定的借鉴作用。胶片有一定的收藏价值与史料研究价值。

故事链接

《石油盛开大庆花》是由上海海燕电影制片厂导演孙永平执导的一部电影，影片记录了我国石油战线学大庆的情况。故事梗概：

胜利油田3252钻井队于1973年登上了年钻井进尺15万米的高峰，创造了世界钻井先进纪录。吉林油田女子钻井队在严寒中干了16个小时，迅速穿透漏层，保证了钻井的顺利进行。四川的3238钻井队，打成了多口高产气井，拿下了新气田。胜利油田采油4队，坚持岗位责任制和"三老四严"，他们所管的油井口口合格。新疆克拉玛依油田由8个民族职工组成的5014钻井队，与风沙搏斗，打出了深井，发现了高产油流。四川"勇攀高峰的7002钻井队"，成功地打成我国第一口超深井，取得了可贵的地质资料。建南261地震队的石油勘探尖兵，打开了高山地震的禁区，为进一步找油气提供了可靠的地震资料。黄河247地震队穿越黄河进行地震勘探，攻克了黄河禁区。英勇善战的华北3269钢铁钻井队，从几十万颗砂样中发现了八颗油砂，为华北油田大会战立下了头功；3222钻井队千里赶来参战，冒着井喷危险，勇敢冲了上去，保护了国家的财产，取得了宝贵的第一手地质资料，在石油地质科学上取得了重大突破。

在祖国的各条石油战线，处处盛开着学习大庆精神的鲜花。

孙永平，1930年出生，山东

省龙口市西转渠村人，上海电影制片厂演员，1946年进入胶东国防剧团、新四军军部文工团任演员，并曾在山东军区文艺培训队受训。1949年底，进上影厂担任演员，1964年后从事导演工作。在《南征北战》《渡江侦察记》《南岛风云》《老兵新传》《51号兵站》《金沙江畔》等20余部电影中饰重要角色，并在话剧《家》中扮演主要角色。执导、与别人联合执导了《大庆战歌》(大型艺术性纪录片)、《火红的年代》《三定桩》《石油盛开大庆花》(大型艺术性纪录片)、《白莲花》等影片。孙永平于2011年11月24日因病在上海去世，享年81岁。

中国唱片出版社出版的《立井架》《油海长虹》唱片

【文物年代】20世纪60—70年代

【文物级别】一般文物

【文物编号】DQT25369（对口快板《立井架》）；DQT25370（快板书《油海长虹》）

【文物尺寸】直径17.5厘米

物见铁人

文物背景

这两张老唱片是20世纪60—70年代中国唱片社发行,由快板书创始人李润杰先生和其徒弟、著名快板书表演艺术家张志宽先生联合创作。对口快板《立井架》反映铁人王进喜英雄事迹;快板书《油海长虹》反映的是当年石油大会战五面红旗之一朱洪昌的英雄事迹。唱片由著名快板书表演艺术家张志宽先生无偿捐赠。

故事链接

老唱片的捐赠人为张志宽先生,国家一级演员,著名快板书表演艺术家,中国文联首批命名"德艺双馨"艺术家,享受国务院特殊津贴,李派快板书非遗传承人。1960年,张志宽进入天津广播曲艺团,师从著名快板书表演艺术家李派快板创始人李润杰。曾获中国曲艺家协会授予"突出贡献奖"称号、北京市曲艺家协会"杰出成就艺术家"称号、"中国曲艺牡丹奖""中国金唱片奖"。

张志宽自1960年开始从事专业的快板书艺术,跟着恩师快板书创始人李润杰学艺。李润杰没有文化,旧社会沿街乞讨的艺人,解放翻身后怀着对党、对祖国、对人民的赤胆忠心,在艺术道路上创造了快板书艺术,为中国的曲艺立下了汗马功劳,培养了许多快板书传承人。李润杰一生写了200多段经典作品,在这些经典作品当中对口快板《立井架》广为流传。20世纪60年代,大庆油田的发现震动了全中国,外国人说中国是贫油的国家没有油,但是大庆油田的发现改变了中国贫油的状况。1961年,李润杰来到大庆体验生活,受到了王进喜先进事迹的感染和教育,创作了对口快板《立井架》,但由于当时大庆油田的保密开发,不能公开,这个节目没有演出。1964年,李润杰同马季、秦咏诚等艺术家第二次来到大庆体验生活,对《立井架》进一步加工，突出作品的人物特色和故事性。同时，新创作了一个31分钟的快板书《油海长虹》，歌颂的是大庆一位石油英雄和优秀楷模，大庆油田五面红旗之一——朱洪昌。写完以后因为当时环境原因，被搁置了下来。

1964年，李润杰从大庆返回天津后，毛主席发出了"工业学大庆"的号召，公开报道大庆油田。李润杰和张志宽将《立井架》搬上了舞台公开演出，演出在天津引起了轰动。中国唱片社把《立井架》制作成了唱片，在全国公开发行。《立井架》成为中国唱片社制作的工业战线上的首个曲艺作品。《立井架》在当时引起强烈反响，从1965年下半年开始，这个节目在全国各地的广播电台循环播放，60年里这个节目在中央电视台，省市电视台和文艺舞台上演出无计其数，成为对口快板的经典代表之作，为宣传大庆精神铁人精神做出了贡献。

后来李润杰在团内部又表演了快板书《油海长虹》，马三立等老前辈听后都深受感动，但是这个节目31分钟，时间太长了，就没有公开演出。张志宽一直觉得这个节目特别好，丢掉太可惜。"文革"结束后，张志宽和师父李润杰说想去大庆受受教育学习学习，顺便把他创作的快板书《油海长虹》重新整理加工压缩一下。经李润杰同意后，1977年张志宽到大庆体验生活，深受教育。回家后在李润杰的指导下，改编了《油海长虹》，把这个节目搬上了舞台，公开表演，一个歌颂大庆精神的新节目也由此诞生。中国唱片社听闻此事，把《油海长虹》制作成了唱片，在全国公开发行。

捐赠人张志宽说："大庆油田是我们工业战线上的楷模，石油工人王进喜是全国人民的楷模，我们作为文艺工作者去歌颂并演绎这些英雄事迹表现的不仅仅是一个文艺作品，而是要通过我们的演出教育更多的人学习大庆精神。今天,我将老唱片捐赠给铁人王进喜纪念馆,表达我对铁人的崇敬之情,也是更进一步宣传、弘扬铁人精神,让铁人精神永远放光芒。"

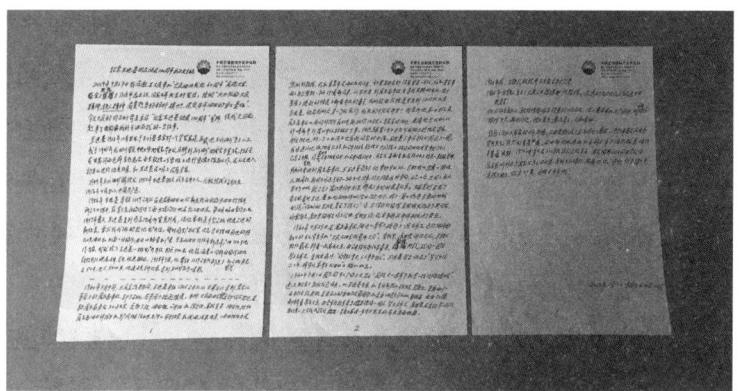

李德生院士接受铁人王进喜诞辰100周年专项采访时撰写的提纲手稿

【文物年代】2023年

【文物级别】一般文物

【文物编号】DQT23380

【文物尺寸】长21厘米，宽29.7厘米

物见铁人

文物背景

在铁人王进喜诞辰100周年之际，大庆油田文化集团特别成立"铁人事迹"专项采访项目组，策划设计了采访铁人家人、铁人队友、离退休老领导、专家学者等六大类百余人的采访计划。采访过程中，不仅采集到生动的铁人故事，更有许多受访者用特别的方式缅怀铁人。为了把这些承载世纪深情的物品珍藏起来，电视记者们积极联系铁人王进喜纪念馆捐赠事宜，及时办理代捐赠手续，将这些藏品纳入纪念馆的专业管理与保护。大庆油田发现者之一李德生院士，在接受采访时的提纲手稿就是这批藏品中非常重要的一件。

故事链接

大庆油田发现井松基三井纪念碑上，镌刻着23位为发现大油田做出突出贡献的共和国功勋者，李德生的名字就在其上。在一篇报道文章中，有这样一句描述："为实现'为中国找油'的理想，他一生四海为家，中国几乎每一个大油田，都有他用小地质锤敲打过的痕迹。"李德生，1922年出生于上海，石油地质学家，是大庆油田发现过程中的地球科学工作者之一。1991年当选为中国科学院院士（学部委员），2001年当选为第三世界科学院院士。第六届全国政协委员。自1978年以来，任中国石油勘探开发研究院总地质师、教授级高级工程师、博士生导师。1982年，获国家自然科学奖一等奖。1945年于重庆国立中央大学地质系毕业后，主动申请到玉门油矿。1945—1978年，李德生穿行在我国的崇山峻岭、戈壁荒原和油田矿区之间，找油找气的实践从西部玉门油矿、延长油矿，到东部台湾油气田、大庆油田、吉林油田、胜利油田、大港油田、华北油田、辽河油田、中原油田、冀东油田和渤海海域油田，中部四川盆地和滇、黔、桂油气区，再到西部准噶尔、塔里木、柴达木、吐哈等油气区和青藏高原等地区，都留下了他工作过的足迹……1959年9月26日，松基三井喜喷工业流油，但石油工业部部长余秋里连连发问：这个油田到底有多大？是大油田还是小油田？是死油田还是活油田？随后在1960年元旦，地质部送来一份地震地质图，反映松辽盆地北部，也就是松基三井北边还有连续三个构造！余秋里破例决定打破常规，甩开勘探，火力侦察——李德生院士，正是这'三点定乾坤'萨66井、喇72井、杏66井的井位设计者，所以说确定大庆油田到底有多大，李德生院士起到了关键性作用，这是他对大庆油田的主要贡献之一。

李德生手稿（截取部分内容）——

"1960年3月中旬，大庆石油会战期间，王进喜率领1205队从甘肃玉门来到黑龙江草原上的萨尔图车站，卸下钻机，在草原上搭起帐篷。当时，大庆石油会战总部设在安达县，距萨尔图车站30多公里，总部下设油田组、钻井组和综合组、实验室等。油田组担任萨尔图油田详探井和生产试验区注水井、生产井的布井任务和试油试采任务，油田组组长是焦力人副指挥，我和童宪章是油田组副组长，如果安达总部没有重要的会议，我和童宪章俩人自己驾驶一辆69嘎斯汽车，从安达县到萨尔图车站去寻找失联的井队，由于草原上搭起的帐篷上都有井队的番号，我们很快在帐篷里见到1205钻井队队长王进喜。他见我们第一句话就问：我队的井位在哪里？……"

一份采访手稿，寄托了一位百岁老人的深情怀念，值得永久收藏。

永恒纪念

傅作仁创作的周恩来总理赠送给王进喜的《葵花向太阳》第一刀原作剪纸作品

【文物年代】1965年
【文物级别】国家一级文物
【文物编号】DQT1444
【文物尺寸】长85厘米，宽66厘米

文物背景

《葵花向太阳》剪纸作品是周总理赠送给铁人的，作者是黑龙江省海伦县文化馆傅作仁先生。傅作仁，1935年出生，满族，黑龙江省海伦县人。擅长民间工艺美术。1950年起历任美术教师、编辑，黑龙江省海伦县科技协会高级工艺美术师。联合国教科文组织和中国民间文艺家协会授予"中国一级民间工艺美术家"称号。这幅作品充分体现了共和国开国总理对铁人王进喜的关爱之情。

故事链接

1969年3月，党的"九大"召开前夕，黑龙江省海伦县文化馆以大型舞蹈史诗《东方红》为素材，集体创作并精选了18幅剪纸艺术作品，入京展出，周总理观看了展览。展览结束后，参展方选了三幅作品送给了周总理。在铁人参加党的"九大"期间，周总理把一幅《葵花向太阳》剪纸作品赠送给了铁人。还把另外两幅作品《飞渡天险》《到敌人后方去》，赠送给了海军北海舰队。

《葵花向太阳》作品的创作者傅作仁在捐献时说："这幅作品设计完成后，一刀共刻了十张，这是我保存的最后一张。"

铁人王进喜与周总理从1962年到1970年一共有30次会面，结下了深厚情谊。王进喜的身上凝聚着周总理的关爱。

玉门会议期间，王进喜胃病发作，并于1970年4月17日，离开玉门到北京看病。在周总理的关怀下，铁人住进了解放军301医院，被确诊为胃癌晚期。日理万机的周总理十分关心铁人病情，指示301医院要积极治疗，并亲自到医院看望铁人。医院关于铁人的每次病情报告都呈报给周总理一份。进入7月份，铁人自我感觉好一些了，就极力要求出院。周总理知道铁人不安心住院的情况后，特意来到医院，拉着铁人的手说："你现在的任务就是安心养病，工作等治好病养好身体再干。你想念大庆的同志，可以让他们分期分批来看你嘛。"

1970年11月15日23时左右，正在开会的周总理得知铁人病危的消息，马上离开会场赶往医院。可是，铁人已于10分钟前停止了呼吸。这位党的开国总理，来到铁人病床前，俯下身体深情地望着铁人，不停地念叨："我来晚了，我来晚了。你怎么瘦成这样了，太可惜了，太可惜了！"

一位普通的工人，一生受到总理如此地关心、支持，体现了共和国总理同工人阶级的深厚感情。因为他们都心系国家、都在为国家的富强而鞠躬尽瘁。

这幅剪纸艺术作品，正是周总理对铁人王进喜的关爱之情的具体见证。

傅作仁创作的《大庆赞歌 周恩来总理三访大庆》剪纸作品

【文物年代】1978年

【文物级别】国家二级文物

【文物编号】DQT1446

【文物尺寸】长85厘米，宽66厘米

文物背景

《大庆赞歌 周恩来总理三访大庆》剪纸作品由黑龙江省海伦市科协退休干部傅作仁捐献,表现了周恩来总理三次视察大庆情况,具有较高的艺术价值和收藏价值。

故事链接

1962年6月21日,国务院总理周恩来首次视察大庆。随同视察的有邓颖超和童小鹏。周总理一行由余秋里、康世恩陪同,视察了1202钻井队和1203钻井队、北2注水站、北1区3-63井、西油库、新三站等。

1963年6月19日,周恩来总理、陈毅副总理,以及随同前来的黑龙江省党政领导,陪同朝鲜民主主义人民共和国最高人民会议常任委员会委员长崔庸健一行第二次视察大庆。周总理一行参观了1203钻井队、中6-17井、中3转油站、中2注水站、西油库等。

1966年5月3日,周恩来、李富春、宋任穷等陪同阿尔巴尼亚部长会议主席谢胡一行第三次视察大庆。康世恩、徐今强等陪同参观了南2区6-32井、1202钻井队和1205钻井队、油建工地、大庆炼油厂、丰收村、大庆缝补厂等。总理不顾旅途疲劳,下车后便急于听汇报。陪同的同志见总理一身风尘,请总理先盥洗一下。于是总理一边听汇报,一边打开用旧了的牙具袋,拿出了掉了瓷的刷牙缸、看上去已经脱绒的小毛巾、市场上到处可见的白玉牙膏和刷毛已经倒伏的牙刷。在总理洗脸时,陪同的同志发现总理的衬衣打着补丁,领口袖头都已磨破了,再看看他那磨得露出底纹的制服和那双很旧的皮鞋,感动不已。总理高龄,日夜操劳,陪同的同志想,虽然我们的条件很差,但一定要想办法让总理吃好一点。可是总理却指示:顿顿要有粗粮,餐餐不上酒,菜要吃大庆自产的。这天午饭,主食是高梁米芸豆饭、玉米碴子粥，副食是白菜、土豆、萝卜加粉条的大盆烩菜。总理香甜地吃一碗后，高兴地说："我最爱吃你们这种高粱米饭，请再给我来一碗。"同志们望着总理和大家一样的饭、一样的大锅菜，不禁感动得流下了泪水。在视察1202钻井队和1205钻井队时，总理听说2个钻井队各要年进尺10万米，高兴地说："上10万米，国务院要鼓励他们。""要告诉我，给我发电报。"两个钻井队不负总理厚望，到年底，双双登上10万米高峰。次日，总理来到油建工地视察，看到板报上有一首工人作的诗，就让记者抄下来，还说："这么好的工人诗不记记什么？"一边说一边问身边的同志，"你们记住了吗？我背给你们听：'没有专家靠大家，没有经验靠实践；遇到问题学《毛泽东选集》，排山倒海力量大。'"在场的同志无不惊叹总理的记忆力，感佩总理对工人的感情。在视察丰收村的路上，总理看见十几名家属正在田间播种，马上让车停下，快步走过去和家属们一一握手，并问身边的一位家属："你这地一坑几株，株距多少，预计亩产多少？"一边问，一边蹲下身去伸手扒开冰凉的泥土，仔细查看播种的深度和株距，边看边和身边的家属攀谈。当得知家属们分别来自山东、河北、山西等地时，高兴地说："我们都是来自五湖四海，为了一个共同的革命目标走到一起来的。"然后，总理还指挥大家高唱《大庆家属闹革命》等歌曲。接着总理与家属们同车来到丰收村，观看了丰收村远景规划图和家属们自制的生产生活用具，称赞说："好！这样做很好，有利于缩小三大差别。"之后，总理又走进了职工李春云居住的干打垒房中，盘腿坐在土坑上，与大家亲切交谈，并与李春云全家合影留念。接着总理不顾疲劳，又来到大庆缝补厂，拿起一件用160多块旧布拼成里子的棉工服，看了又看，摸了又摸，感慨地说："好，好，你们要永远保持这种艰苦奋斗的精神。"中午时分，总理在出席欢迎外宾的大会上，看到13000多人的会场秩序井然，高兴地说："工人也要有严格的纪律。"视察结束前，总理还谆谆告诫陪同的同志："大庆是成功的，你们自己可不要忘了一分为二呀！"

周总理3次亲临大庆，共视察了29个基层单位，同数万名工人、干部和家属直接见面，同许多人亲切握手、谈话。一次又一次地说："向大庆工人学习！"周总理对大庆的重视、关怀、鼓励，一直激励着大庆人艰苦奋斗，不断前进。

傅作仁创作的《老一辈的心愿 朱德委员长董必武副主席赞扬大庆精神》剪纸作品

第五章 永恒纪念

【文物年代】1978年

【文物级别】国家二级文物

【文物编号】DQT1448

【文物尺寸】长85厘米，宽66厘米

文物背景

《老一辈的心愿 朱德委员长董必武副主席赞扬大庆精神》剪纸作品由黑龙江省海伦市科协退休干部傅作仁捐献,表现了老一辈无产阶级革命家朱德和董必武视察大庆时的情况,体现了老一辈无产阶级革命家对大庆的关爱之情,具有较高的艺术价值。

故事链接

1964年8月1日,全国人大常委会委员长朱德、中华人民共和国副主席董必武视察大庆。

朱德和董必武在石油工业部副部长康世恩等的陪同下,视察了大庆炼油厂、松基6井、中6-17井、中3转油站、西油库等。期间,朱德勉励大家:"大庆油田是搞出了一个建设社会主义企业的道路来了,你们要继续前进。""你们是树立了个艰苦朴素的样板,要坚持下去。"他亲笔题词赋诗:"大庆是革命精神和科学态度相结合的新型社会主义企业的标兵,戒骄戒躁,永远前进"。"八一参观大庆田,采油部队建功全;围攻四载荒丘灭,创造百年企业坚;政治恰符群众意,指挥亦并士兵肩;大军十万开天地,结合工农典范编。"董必武勉励大庆:"你们是个工业上的标兵,你们也要做一个将来建设共产主义的标兵。""你们已经创造出一条道路,沿着这条道路,根据中央精神,继续前进,就会创造出一条更广阔的道路。"

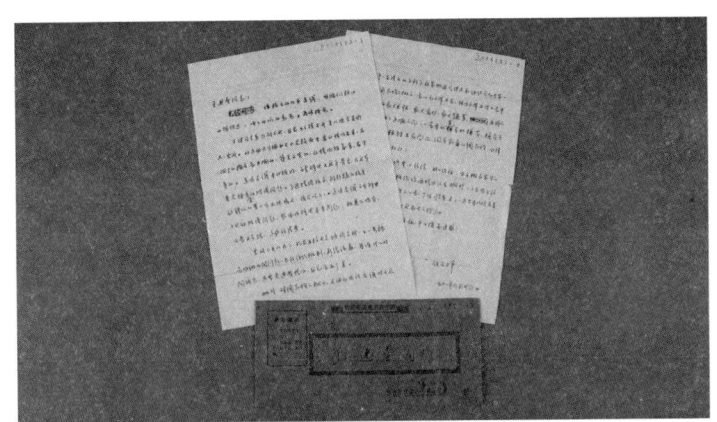

大庆军事管制委员会任云峰写给王进喜的慰问信

【文物年代】1970 年 4 月 24 日
【文物级别】国家二级文物
【文物编号】DQT4157
【文物尺寸】长 26.8 厘米，宽 19 厘米

物见铁人

文物背景

这封于1970年4月24日，大庆军管会副主任任云峰写给王进喜的慰问信，介绍了大庆革委会召开第八次全委扩大会议情况，并希望王进喜好好养病，不要惦念油田生产，表明了大庆油田领导对铁人的关怀和爱护之情。

故事链接

"文革"期间，大庆油田的生产出现了十分被动的局面。懂生产、有管理能力和经验的干部被打倒，以岗位责任制为中心的各项规章制度被废弛，各种科研机构被砸烂，大批科技人员下放，大庆油田整体上处于长期无人科学管理的状态。因而造成的恶果之一是地上事故不断，另一个恶果就是地下形势恶化，出现了严重的未曾有过的"两降一升"的危险局面，也就是地下压力下降、原油产量下降，原油含水率上升。

在这严重关头，铁人王进喜挺身而出，在1970年1月召开的石油系统抓革命促生产会议上，向余秋里汇报了大庆油田存在的严重问题。余秋里指示王进喜要进一步做好准备，向周总理汇报。

1970年3月初，石油工业部军管会召集大庆油田核心小组副组长任云峰、王进喜到北京准备给周总理汇报的材料。3月17日，将总标题为《当前大庆油田主要情况报告》（简称《报告》）的报告以"石油部军管会"的名义上报。《报告》共分三个部分，在题为"大庆油田当前急需解决的主要问题"的第二部分里，指出存在的问题有：领导班子缺乏领导核心，政策还不够落实，干部和老工人积极性没有充分调动起来。特别是"两降一升"问题，举出了事实或数据来证明，也分析了产生的原因。

《报告》送上去的第二天，在国务院一个小会议室里，周总理接见了王进喜和任云峰，听取关于大庆情况的汇报。并在《报告》上做了四处批示。第一条就是在"加强领导班子建设"一段的旁边批上"恢复'两论'起家的基本功"10个字。

1970年4月，大庆革委会召开第八次全委扩大会议，贯彻总理批示精神，认真总结经验教训。在总理批示鼓舞下，大庆恢复了岗位责任制大检查和一年一度的油田技术座谈会，开展了"八四三"会战，对843口有问题的油井逐一修复和调整，逐步恢复了地层压力，控制了含水率，增加了单井产量。1971年，全年产油达到2669.13万吨，比1970年提高了25.99%，为大庆后来年产上5000万吨打下了基础。

这封任云峰写给铁人王进喜的信里，介绍了大庆革委会召开第八次全委扩大会议情况。他还表示，要坚决落实周总理的批示精神，扭转当前大庆油田出现的不利局面，并希望王进喜好好养病，不要惦念油田的生产情况。

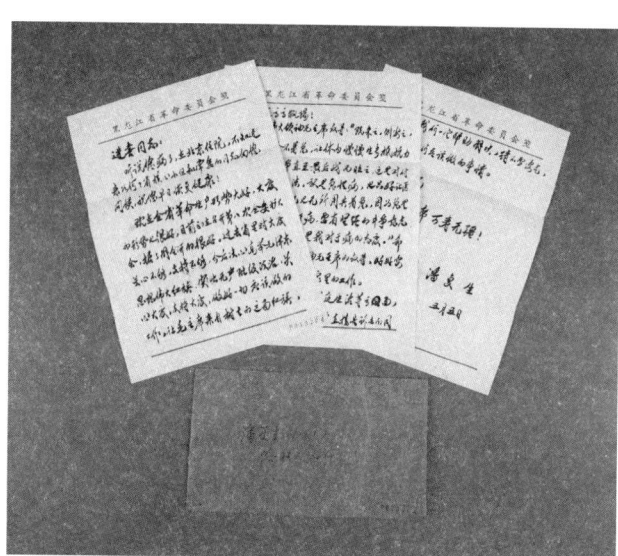

黑龙江省革命委员会主任潘复生给王进喜的信

【文物年代】1970年5月5日
【文物级别】国家二级文物
【文物编号】DQT3304
【文物尺寸】长26厘米，宽19厘米

文物背景

此信由铁人王进喜纪念馆工作人员从八百垧王进喜家征集。潘复生，时任黑龙江省革命委员会主任。1970年4月下旬，王进喜因胃癌在北京301医院住院后，潘复生给他写了这封慰问信，向王进喜介绍了黑龙江省情况，并希望他安心养病，早日战胜病魔。这封信是铁人病重住院期间，黑龙江省领导关心铁人身体健康最有力的见证。

故事链接

1970年4月5日，全国石油工作会议在玉门召开，铁人作为特邀代表参加大会。会议期间，铁人胃病发作，疼得厉害。大家劝他好好检查一下。他说："老病啦，挺一挺就过去啦！"他准备提前离会回大庆开展工作，可病情越来越重，有时疼得豆大的汗珠往下掉，不得已于1970年4月17日离开玉门到北京看病。这一天，天气阴沉沉的，玉门少有地下了一场"四月雪"，几乎全体代表和战友们都来送行，人们把院子站满，铁人上车前双手抱拳高举过头顶，大声说："谢谢同志们啦！咱们大庆见！"

4月19日他到达北京后，谭大夫将铁人的病情向燃料化学工业部做了汇报，伊文部长立即决定送铁人到解放军301医院住院检查，并向周总理、李先念副总理和中组部做了汇报。周总理、李先念对铁人病情很重视，指示301医院要慎重诊断，积极治疗。

301医院按总理指示对铁人的病十分重视，第一次透视发现胃部有阴影，又经二次肠胃检查初步确认为"贲门癌，侵犯胃小弯"。由于当时没有胃镜等现代化设备，为了慎重，又特请河南胃肿瘤专家沈琼来做了一次拉网细胞检查，取出胃内细胞做病理切片，又请日坛医院等兄弟医院的专家教授来做了两次会诊，最后诊断：贲门癌。

可当伊文部长把诊断结果和手

术方案告知他时，铁人却平静而乐观地说："癌症也是个纸老虎。我坚决听从领导和医院的安排，一不怕苦，二不怕死。告诉医生大胆治，治好了我回大庆再干它20年，治不好他们也可积累些经验。请大家放心！"

在场的人都为铁人这大无畏的英雄气概所感动。

铁人病重的消息传到黑龙江省、大庆油田等地，各级领导对铁人的病情极为关心。

黑龙江省革命委员会主任潘复生得知王进喜住院的消息后，于1970年5月5日给王进喜写了这封慰问信。他在信中说："听说你病了，在北京住院，不知近来如何？省核心小组和常委的同志向您问候，祝您早日康复健康！"并告知王进喜，近来省里形势大好，大庆的形势也很好。大庆正在召开第八次全委扩大会议，据了解开得很好。还表示，过去对大庆油田"关心不够、支持不够"，今后要"多关心大庆，支持大庆，做好一切应该做的工作，让毛主席亲自树立的这面红旗，永远高高飘扬！"他希望铁人"既来之，则安之"，既然有了病，就要用坚强的意志勇敢地同病魔斗争，直到最后战而胜之。

潘复生（1908—1980年），原名刘开浚，又名刘巨川。山东省文登县人。曾任中共河南省委书记。1966年2月，调任中共黑龙江省委员会第一书记、东北局书记处书记。1969年4月，与王进喜一起参加中共第九次全国代表大会，两人同时当选为中央委员。

这封信见证了黑龙江省人民关心铁人王进喜病情，希望铁人早日康复的迫切心情。

康世恩写给王进喜的慰问信

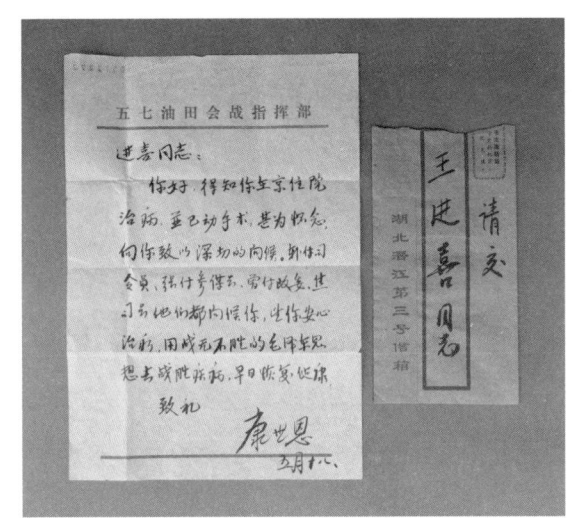

【文物年代】1970年5月18日

【文物级别】国家一级文物

【文物编号】DQT3272

【文物尺寸】长26厘米，宽19厘米

物见铁人

文物背景

此文物由铁人王进喜家人捐赠,是1970年5月18日康世恩写给王进喜的信。1970年4月,王进喜在玉门开会期间胃病发作,到北京住院治疗,时任湖北省革委会副主任兼江汉油田会战指挥部副指挥的康世恩给铁人写了这封信,问候铁人的病情。此文物反映了铁人王进喜和新中国石油工业和化学工业的开拓者之一康世恩之间的友谊,具有独有性和收藏价值。

故事链接

康世恩(1915—1995年),河北怀安人,无产阶级革命家,我国工业战线杰出的领导人,新中国石油工业和化学工业的开拓者之一,国务院原副总理,石油工业部部长。

铁人王进喜和康世恩之间的友谊始于玉门油矿解放时期。那时候油矿实行军事管制,王进喜在矿上当工人,康世恩任军事总代表。王进喜发现康世恩坐个吉普车来到井场,看见工人们正在安装井架,他也和大家一起抬横梁、拉绳子,还有说有笑。王进喜从心里感叹,这个人不简单呀,以前从来没见过当官的和老百姓一起干活。这是王进喜对康世恩的初步印象。

王进喜和康世恩的近距离接触是在新疆克拉玛依现场会上。1958年9月,王进喜在白杨河劳动竞赛中,带领队伍月钻井5009米,创全国最高纪录。石油工业部部长余秋里和副部长康世恩亲手把一面"钻井卫星"红旗授给了他。

1960年3月,王进喜带领1205钻井队参加大庆石油会战。"五一"誓师大会后,康世恩副部长到井上了解情况,王进喜把被钻杆砸伤的右腿用棉裤遮住,从容镇定地给他汇报,还领着他到处参观了一遍。事后,康世恩在一次会上当着几千人面对王进喜说:"你老铁封锁可真厉害,把我糊弄住了,很长时间不知道。说明你是铁人挺得住,也说明你们队人心齐瞒得好。"他不由得佩服铁人的厉害。

同样，康世恩对王进喜也是关怀备至，大胆使用。会战初期，工人吃不饱，饿着肚子干活，王进喜见了很心疼，就悄悄安排人用"落地原油"到周边农村换了些土豆、粉条等，结果油田保卫部门来查，说1205钻井队"损公肥私，以物易物"。最后听说是铁人老队长叫干的，也就没再追问。王进喜从来没干过违法犯纪的事儿，所以心里一直不安心。这天，他终于忍不住找康世恩谈心汇报思想，准备检查。谁知康世恩听完，像没听见一样，叫来秘书说："通知人马上来开会，你把老铁送小食堂去叫他吃顿饭。"又转脸对铁人说："你吃饱了就回去吧！"两年后在北京开会，王进喜当康世恩的面又提起此事，康世恩说，那个时候，我能说什么呢。

这就是康世恩对铁人最大的爱护。

但是当铁人有了错以后，他决不因私袒护。在1961年4月19日召开的全战区质量大会上，康世恩当着许多领导干部和群众的面，批评铁人工作太粗心。康世恩说："谁不讲质量我就和谁拼命。你王进喜工作没做好也要批评你。王进喜呀，工作不能光有张飞的猛劲，人家张飞还粗中有细呢，该细的时候就得细！"

1970年4月19日，王进喜住进中国人民解放军301医院，经专家会诊确诊为胃癌。5月4日做了胃切除手术。康世恩因各种原因暂时无法去医院看望他，就在5月18日给他写了这封信，信中劝他安心治疗，保重身体，早日恢复健康。一直到10月中旬，康世恩才从江汉油田赶到北京。这位曾指挥过大庆等几次会战、向来以沉稳老练著称的老部长，也有点沉不住气了。他含泪对几位主治大夫和专家说："无论如何要把铁人治好，你们说吧要我怎么办？你们是总指挥，我给你们跑腿。要什么药，找什么人，你们坐阵，我去办。"

这封信见证了铁人王进喜和石油部领导之间的深厚友谊。

物见铁人

冯建辛创作的《铁人》连环画手稿

【文物年代】1976年
【文物级别】国家一级文物
【文物编号】DQT2608
【文物尺寸】长45厘米，宽33厘米

文物背景

此文物为画家冯建辛于1976年1月创作的《铁人》连环画手稿，反映了铁人王进喜的英雄事迹。人物刻画生动，构图新颖，把大庆石油会战的波澜壮阔和铁人王进喜的经典故事惟妙惟肖地呈现出来，是不可多得的珍品，具有较高的艺术价值和收藏价值，对于研究铁人精神有着十分重要的作用和意义。

故事链接

用手中的笔描绘铁人是鲁迅美术学院冯建辛教授平生的一大心愿。1973年，他来大庆体验生活，先后在1205钻井队和1202钻井队蹲点，队里从工人到领导，绝大多数都是朝气蓬勃的年轻人。他们热情豪迈，真诚待人，很快冯建辛教授便和他们打成了一片。通过学习，冯教授对地质构造、钻井技术、工艺流程及各种部件的用途、名称，有了基本的了解。他也领略和感受到了以铁人王进喜为代表的石油工人在艰苦工作环境中顽强拼搏、无私奉献的精神，被深深地感染了。为创作好素描速写手稿《铁人》，他此后三年当中，四赴大庆，历时9个多月时间。

素描速写手稿《铁人》记录了当年石油会战的艰苦历程和铁人王进喜为早日甩掉我国石油落后帽子拼命也要拿下大油田的一幅幅感人画面。2007年，冯教授将手稿捐赠给铁人王进喜纪念馆。2009年征得作者同意，铁人王进喜纪念馆从400多幅素写手稿中筛选出163幅，重新配文，由黑龙江美术出版社出版印刷了连环画《铁人》。

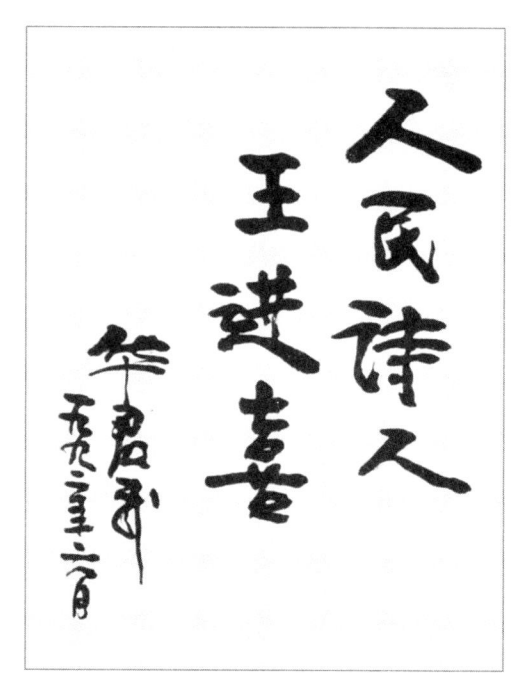

华君武题写「人民诗人王进喜」的书法作品

【文物年代】1992年6月1日
【文物级别】国家二级文物
【文物编号】DQT3288
【文物尺寸】长161厘米，宽44.2厘米

文物背景

此文物是1992年6月1日，漫画家华君武来铁人王进喜纪念馆参观时题写的。华君武（1915—2010年），曾任中国美术家协会副主席，著名漫画家。该题词高度赞扬了铁人王进喜的文学造诣，表达了对铁人的敬仰之情，具有一定的收藏价值、艺术价值及研究价值。

故事链接

铁人王进喜20世纪50年代末就开始写诗。大庆铁人王进喜纪念馆曾经出过一本《铁人诗话》，里面有他的15首诗。

"诗言志，歌传情。"铁人写诗是思想的外化，豪情的抒发。铁人的诗是劳动的号角，真情的咏唱，"从心里流出来的语言"。

1959年10月，他参加国庆十周年大典，登上天安门观礼台，幸福地见到了日思夜想的毛主席。从那个年代走过来的人，对毛泽东主席都有一种朴素的感情。晚上，王进喜在宾馆里激动得睡不着觉，提笔写下了"北京见到毛主席，浑身是劲精神抖。满怀豪情干革命，永生永世不回头。"

1960年3月，他带领全队36名队员从玉门来东北参加大庆石油会战。到了大庆，面对凛冽的北风，漫天的飞雪，看到来自五湖四海的人群，他自然地生出一种豪壮，把这种发自内心的情感用语言说出来，再加加工，就成了一首诗："北风当电扇，大雪是炒面。天南海北来会战，誓夺头号大油田。干！干！干！"

钻机到了，没有吊车，汽车也不足，他就带领全队职工人拉肩扛搬运、安装钻机。用这种超常的办法去克服超常的困难，自然少不了鼓劲的劳动号子。王进喜要求大家要吼起来，吼出个水平和精神面貌来。工作组长宋振明把铁人在劳动实践中迸发出的心声记录下来，又经修改加工，也成为一首诗："石油工人一声吼,地球也要抖三抖。石油工人干劲大,天大的困难也不怕!"

铁人写诗都是有感而发。有的是一下子迸发出来,有的是慢慢积累起来的。几乎每首都有一个思想孕育、情景联想、逐步积累、反复加工的过程。

1964年以后,大庆提出"全国学大庆,大庆怎么办"的问题,认真地向中国人民解放军学习。1965年秋天,王进喜到沈阳军区参观学习,看到解放军战士练兵,又勾起了"大会战像打仗一样"的情愫,心想石油是重要的能源,不可少的战备物资,我们打井不也是打仗吗,手握的刹把不就是武器吗?于是随口咏出两句:"手扶刹把像刺刀,钻机就是机枪和大炮。"晚上把这两句记到本上。睡不着就接着想。他想,手扶刹把干什么?要加压力,要往下钻,要让原油冒出来。又写出几句:"压力一加,钻头就往地里跑。打完进尺,原油就哗哗啦啦往外冒。"写完了挺满意,就愉快地睡去。

后来,在大庆《战报》记者蔡沛林、徐勤等帮助下,大家字斟句酌地动了番脑筋,在文字上做了改动,最后定稿为:"手扶刹把像刺刀,转盘一转响起了冲锋号,钻杆就像飞机和大炮。压力一加,钻头就往地球里边跑。打完进尺,原油呼呼噜噜往地面冒。支援越南人民,淹死美国佬!"

著名作家刘白羽曾经说过:"我对铁人诗感兴趣。这是任何诗人都写不出来的。有哲理、有气魄、有感情。他能写出来,是因为他有这样的实践和情感。"漫画家华君武参观铁人王进喜纪念馆的题词,也表达了类似的崇敬之情。

董加耕题写"当年相遇在北京,今见大庆更外亲……"的留言

【文物年代】1995年10月20—21日
【文物级别】国家三级文物
【文物编号】DQT3318
【文物尺寸】长26厘米,宽18.5厘米

文物背景

董加耕，江苏盐城人，1961年高中毕业后，立志回乡务农，改变农村的贫困面貌。他积极参加集体生产劳动，不分日夜地和乡亲们一起拉犁、割稻等。他在日记中写到："身居茅屋，眼看全球，脚踩污泥，心怀天下。"这几句话后来成为传遍全国的名言。董加耕被选为生产队长，当选为共青团"九大"代表，以后又担任共青团盐城地委书记，1964年出席了第三届全国人大一次会议。

故事链接

1964年12月26日，人代会散会时，毛主席请董加耕、陈永贵、王进喜和邢燕子4位劳模代表出席主席71岁生日便宴。这次宴会给董加耕留下了难忘的记忆。

多年之后，铁人王进喜也早已离世，董加耕有机会来到大庆参观铁人纪念馆，想起那次匆忙之中和铁人的一面之缘，一时之间，百感交集，提笔在留言簿上写下四句话：

当年相遇在北京，
今见大庆更外亲；
铁人精神代代传，
祖国山河日日新。

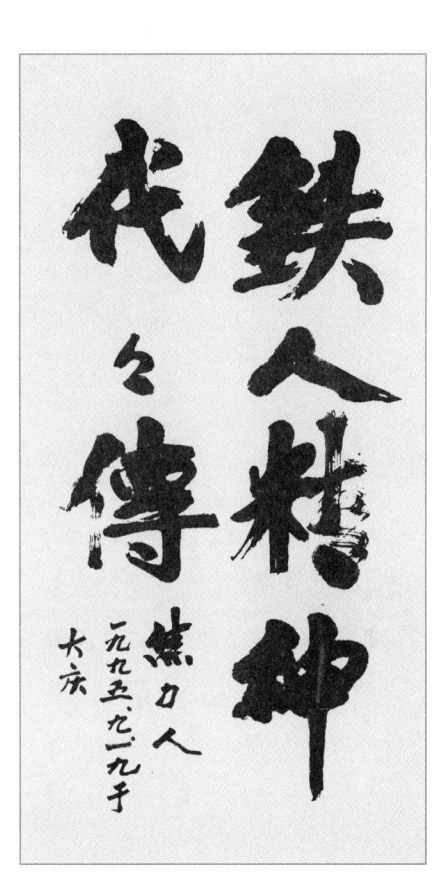

焦力人题写『铁人精神代代传』的书法作品

第五章 永恒纪念

【文物年代】1995年9月19日
【文物级别】国家三级文物
【文物编号】DQT3453
【文物尺寸】长136厘米，宽69厘米

243

文物背景

1995年9月19日，原石油工业部副部长焦力人题词表达了对铁人精神的高度赞扬和传承铁人精神的时代意义，具有一定的历史价值和艺术价值。

故事链接

1956年6月王进喜当队长后，为把本队工作搞好，为了给国家多打井、打好井，不怕人家说长道短，塑造了一个全新的基层干部形象。

当年担任玉门石油局副局长的焦力人说："那是个难缠的角色！"

当过钻井公司经理的余群立说："王进喜很厉害。当了队长就不安分，很难缠！"

1958年初，玉门矿务局为贯彻"努力发挥老油田潜力，积极勘探开发新油田，发挥基地作用"的战略部署，组织一批先进钻井队"大战白杨河"。以著名的标杆贝乌4队为龙头与新疆的1237钻井队等展开一场"钻井大战"，力图在解决"钻井速度低"这个老问题上有所突破。而像王进喜的贝乌5队这样"一般的"先进队则被安排在老君庙油田的干油泉去打井，可以说是被列在"大战"之外了。

王进喜得知消息后，召集骨干开会，商量申请搬家上白杨河的事。他对大家说："窝在这里太憋气，咱们要来它个'月上千，年上万，钻透祁连山，玉门关上立标杆'，也去大战白杨河好不好。"大家一听非常高兴，个个摩拳擦掌，跃跃欲试。

在一次大队调度会上，王进喜首先找了大队长，提出要搬家上白杨河打井，大队长王嘉善不同意，他就和大队长吵起来。最后大队长还是不同意，他一气之下又去找局长。局长焦力人说得研究一下，他说："这明摆着的事研究什么！"吵个没完。焦力人被他缠得没办法，就抛下他去找其他领导商量。市委书记刘长亮说:"群众的积极性要保护,嗷嗷叫的队长要坚决支持!王进喜这两年打得不错,给他搬,叫他近学景春海,远学张云清,边学边赶最后超他们!"焦力人回来一说,王进喜抱起老羊皮袄撒腿就跑回队里。

1958年7月,上任不到半年的石油工业部部长余秋里从四川到玉门召开现场会,听了王进喜争上白杨河,大闹调度会的事,非常高兴,亲自到刚刚搬来的5队井场视察,见了王进喜说:"你这个名字好。进喜,进喜,叫咱们石油部也进点喜嘛!"

李敬题写『弘扬铁人精神』的书法作品

【文物年代】1995年9月19日

【文物级别】国家三级文物

【文物编号】DQT3447

【文物尺寸】长135厘米，宽69厘米

文物背景

1995年5月9日，原石油工业部副部长李敬题写的"弘扬铁人精神"题词，表达了对铁人崇敬之情。

故事链接

1961年2月，钻井指挥部要求生产二大队前往南线打井。王进喜要了一部汽车，领上两个人到南线去踩点。

王进喜心中装着大队的远景蓝图，眼光放得又远又高。几个人一会儿坐车、一会步行，迎风冒雪，看来选去，跑了两天，最后选定一处叫"白玉生窝棚"的地方。这里地势高，土质好，利于将来盖房；位置居中，便于指挥联络；处于油田过渡带，不影响打井；离新修的萨大公路近，北通钻井指挥部和会战总部，南通杏树岗、葡萄花、大同镇、松基3井，交通极其方便。还有一个是路对过就是一个大砖厂，不仅可以借房住，将来盖房用砖也可"近水楼台先得月"。几个人一商量就拍板决定：大队部建在这里。经过大家讨论，王进喜给这个地方起了一个新名字——解放村。

徐锦荣等人来看"解放村"，都很满意。汇报到钻井指挥部，指挥李敬来察看了一番，也认为地方不错。问起名字，王进喜说刚起的叫解放村还说明了含义。李敬听了说："叫这个名挺好，挺有意义，还可以说建国十年大庆以后，党中央、毛主席批准石油大会战，领导我们开发大油田，把石油落后帽子甩到太平洋里去。这穷帽子一摘，不也是一种解放吗？"王进喜说："你看，还是领导有水平，说的好！"

划地界时，王进喜叫划得大大的。在大队长的指挥下几个干部跑了一大圈，在四角埋下了木桩，方圆足有一平方公里多。一个干部说："大队长，咱们也不是跑马占荒，要这么多地干啥？"铁人笑了。他说："小伙子，将来二大队要有一二千号人，房子一大片，要盖学校、商店、甚至得有个俱乐部啥的……过日子，这地可是宝中宝哇。到时候你可能后悔咱们占得太少了！"

地点选定以后，立即组织搬家。李敬回去以后叫后勤给二大队送来了三个棉布帐篷和一些家具，并要求他们赶快联系安装电话。王进喜指挥大家把三栋帐篷搭起，……这个大队机关就算建立起来了！

李敬和王进喜既是上下级关系，又是志同道合的好同事。艰苦的生产环境、长期的工作上的磨合使两人结下深厚友谊。最让李敬赞赏的就是铁人推功揽过的优秀品格，以及对正义和真理的坚定信仰。

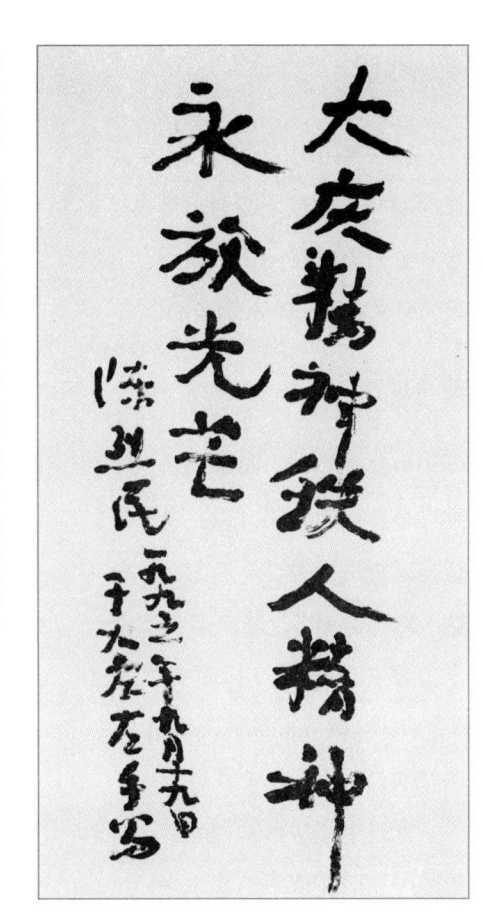

陈烈民题写『大庆精神铁人精神永放光芒』的书法作品

第五章 永恒纪念

【文物年代】1995年9月19日
【文物级别】国家三级文物
【文物编号】DQT3448
【文物尺寸】长135厘米，宽68厘米

物见铁人

文物背景

1995年9月19日，原石油工业部副部长陈烈民题词，赞扬了可歌可泣的大庆精神铁人精神，具有较高的艺术价值和收藏价值。

故事链接

中共"九大"闭幕后，王进喜乘火车直接回大庆，以一种崭新的精神风貌进机关、下基层，到处传达"九大精神"。他讲的主要是三个方面：一是要"抓革命，促生产"，发展经济；二是要反对派性，搞好联合；第三是要解放干部。

解放干部从哪里做起？一贯敢想敢干、敢作敢当的铁人想，干脆就解放"宋陈季王"。"宋"是指宋振明，大庆工委副书记、会战指挥部副指挥，是大庆打一线，抓生产的得力干部；"陈"指的是陈烈民，工委委员、政治部主任兼干部部部长、监委书记，是大庆打一线，抓政治工作的得力干部；"季"是指季铁中，工委副书记、武装部政委，转业前曾任沈阳军区工程兵部队政委，由于受一个冤案牵连一直降级使用；"王"指的是王新坡，工委委员、会战指挥部副指挥，主管生活后勤工作。

那时陈烈民在离机关几十里的王家围子住"牛棚"。铁人找他谈话，没人阻拦，可却有人盯梢。那几位"宋陈季王"专案组的骨干成员如临大敌似的骑摩托车从几十里外的机关赶来，端着笔记本，说是做记录，实际是在监控。

23年后，陈烈民在回忆当时情况时说："那时我在王家围子'五七干校'，被监控劳动。王进喜专程来找我，听说他还要找宋振明、季铁中。可是一开始就上来几个人搞记录，我一句话也没说。王进喜也只说了要相信党和群众，正确对待'文化大革命'，主动争取群众早日谅解这样一些话。不久后，我上钻井去接受批判，铁人见到我又说，你要想开，要打倒你的不是群众,主要还是二号院(指机关)那几个造反的人。"

解放干部,是王进喜列为首位的重要工作。直到逝世前,他一直为解放大庆工委主要干部操心费力。生前,他没有看到宋陈季王的解放,这令他抱恨终生!

物见铁人

铁人王进喜纪念馆

温家宝总理题写『铁人王进喜纪念馆』馆名的书法原稿

【文物年代】2006 年 8 月 11 日
【文物级别】国家一级文物
【文物编号】DQT3501
【文物尺寸】长 137 厘米，高 34 厘米

文物背景

该文物是2006年8月10日,温家宝总理到铁人王进喜同志纪念馆参观,听到纪念馆要迁建新址的消息后,非常高兴,当即挥毫题写的。充分表现了党和国家领导人对大庆油田、对铁人王进喜的关爱之情,有着十分重要的历史纪念意义。

故事链接

温家宝同志先后于1998年8月19日、2000年8月24日至25日、2003年8月1日、2006年8月10日至12日、2010年1月1—2日五次视察大庆油田。

2006年8月10—12日,中共中央政治局常委、国务院总理温家宝在黑龙江省考察工作期间,着重研究了大庆油田可持续发展问题,了解当前经济发展和振兴东北老工业基地战略实施情况,并到大庆现场办公。

温家宝首先来到钻井二公司1202钻井队。总理笑着说:"这都是过去的英雄钻井队啊!"他接着说:"到大庆,我一定要到钻井队,因为我对大庆有感情,对钻井有感情,对工人有感情。我看到钻井,就想起王铁人,还有你们的老队长马德仁,他们的艰苦创业的精神,将会代代传扬。你们1202钻井队和1205钻井队一样,都是英雄钻井队,你们的口号就是争创一流,你们几十年用自己的努力,在中国石油史上写下了不朽的篇章。你们干了一流的工作,创了一流的业绩。"

温家宝参观铁人王进喜纪念馆时,听着讲解员讲述铁人的故事,看着当年的珍贵遗物,神情肃穆。在音像资料台前,他细细地听了一段王进喜当年的讲话录音。在纪念馆大厅的铁人雕像前,温家宝亲切会见劳动模范代表,并深情地说,在近半个世纪的风雨历程中,大庆人不仅创造了巨大的物质财富,还创造了宝贵的精神财富,这就是"爱国、创业、求实、奉献"的大庆精神铁人精神。我们要把铁人精神代代相传,为国家的石油工业做出新贡献!人群中响起了热烈的掌声。

当听说铁人王进喜纪念馆迁建新址时,温家宝总理很高兴,当即为铁人王进喜纪念馆题写了馆名。

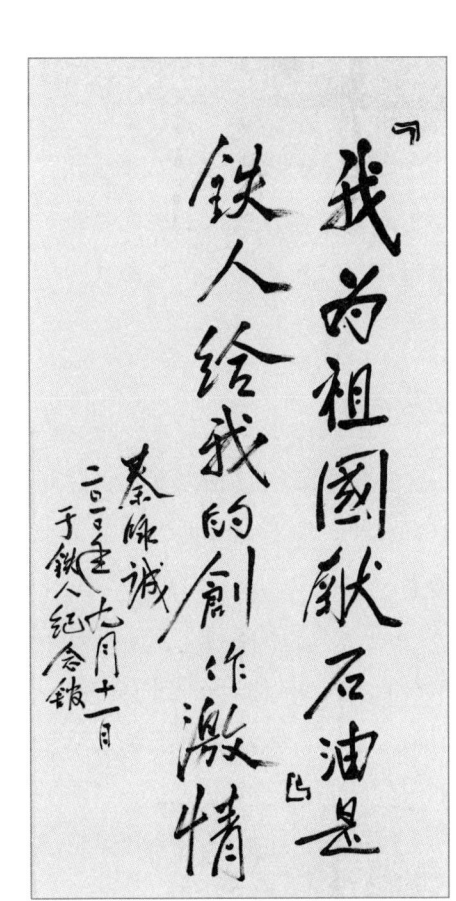

秦咏诚题写『"我为祖国献石油"是铁人给我的创作激情』的书法作品

第五章 永恒纪念

【文物年代】2010 年 9 月 11 月
【文物级别】国家三级文物
【文物编号】DQT4520
【文物尺寸】长 135 厘米，宽 69 厘米

文物背景

此文物由作曲家秦咏诚于2010年7月11日参观铁人王进喜纪念馆时题写,表达了对铁人的敬仰之情。

故事链接

歌曲《我为祖国献石油》由薛柱国作词,秦咏诚作曲,刘秉义原唱。

《我为祖国献石油》是一首歌唱石油工人的歌曲。此曲也是中国石油大学(北京)、西南石油大学和广东石油化工学院的校歌。

1964年3月中旬,沈阳音乐学院院长李劫夫接到中国音协的通知,请他务必在3月20日到黑龙江省萨尔图报到,并告知了到萨尔图的联系人与电话。

接到通知后,院领导非常重视,李劫夫更是马上做起了动身的准备。但长期艰苦的条件加上过度的劳累,使他刚五十出头,就患上了心脏病、高血压、糖尿病。多少年来一直和各种药物打交道。学院党委为了照顾他,准备找一位年轻人陪他一起"北上"。经李劫夫提议,党委决定让秦咏诚陪他去。

19日晚,秦咏诚和李劫夫登上了去哈尔滨的火车。在火车上,他终于提出了自己的疑问:"我们去的萨尔图是什么地方?"李劫夫悄悄地告诉他:"萨尔图是个大油田,叫大庆油田,现在还保密呢!"一晚上秦咏诚都在想这个神秘的地方到底是什么样。

从到大庆的第二天开始,他们每天上午上大课学石油知识。从勘探、钻井到采油、炼油,一天一个内容。整整十天,他们这些对石油工业一无所知的音乐人,总算对石油有了初步的了解,可以向外行人说上一二了。十天后大庆党委给他们安排下基层体验生活。他们被安排在1205钻井队,也就是"王铁人"为队长的钻井队。

他们在 1205 钻井队待了三天，满载着对石油工人的敬意回到了招待所。秦咏诚久久回想着在井场见到的一幕幕：简陋的设备、恶劣的气候条件、艰辛的劳动、高昂的情绪、冲天的干劲，一切的不可能在这里都成为可能，他们离乡背井就是为了给新中国创造一个传奇，创造一个属于自己的石油王国。

第二天大庆党委宣传部拿来一摞歌词，希望经过体验生活的作曲家们能为石油工人的歌谱曲。当老作曲家选完歌词后，秦咏诚也去翻了一翻。翻来翻去，翻出了薛柱国写的《我为祖国献石油》歌词，越看越喜欢，脑海里出现了"铁人"井队从玉门北上的情景，这正是对这些可爱的石油工人的诠释，他们离妻别子，转战南北不就是为了祖国献石油吗。歌曲应是列车奔驰的勇往直前的快速节奏，旋律应是石油工人豪迈、有力的情绪。秦咏诚越想越激动，若干个音符已经在脑海里跳动，有一种呼之欲出的感觉，赶紧找个地方把它写出来，这天下午，在招待所饭堂里，用了 20 分钟就把这首歌完成了。

物见铁人

宋振明摆放在办公桌上的铁人塑像

【文物年代】1969 年
【文物级别】国家二级文物
【文物编号】DQT0931
【文物尺寸】高 40 厘米

文物背景

铁人塑像由鲁迅美术学院雕塑系教授陈绳正创作，由宋振明的夫人侯秀兰捐献。雕塑作者陈绳正，1935年出生，浙江杭州人，擅长雕塑、美术教育。1956年毕业于鲁迅美术学院雕塑系，后留院任教，担任雕塑系副主任、教授。曾参加北京全国农展馆广场群雕、沈阳中山广场群雕、毛主席纪念堂前群雕创作。城雕作品有《铁人王进喜》《诸子百家》《夸父逐日》《生命》《青春旋律》《星光灿烂》等。论著有《城市雕塑艺术》《建筑与雕塑》。

故事链接

1970年11月15日，铁人王进喜去世后，许多熟悉他、爱戴他的人都很悲痛。鲁迅美术学院雕塑系教授陈绳正一直敬仰铁人。铁人去世两年后，他经过精心构思，创作了这尊铁人塑像，并赠送给宋振明。这尊塑像，形象地刻画出了铁人王进喜刚毅坚强的性格。铁人的目光炯炯有神，嘴角中显露出一丝倔强不屈。宋振明非常喜欢这尊塑像，一直把它摆放在办公室案头。

宋振明离世后，夫人侯秀兰把这尊塑像捐献给了铁人王进喜纪念馆。

宋振明同志1960年2月担任萨中指挥部（后改为第三探区）书记、指挥时，兼任1205钻井队工作组组长。宋振明同志是发现、培养和树立"铁人"这个典型的主要领导干部。他最早在1960年4月16日大庆《战报》上发表文章《铁人王进喜，我们劳动和生活中的一面旗帜》，赞扬铁人精神，号召油田职工向铁人学习，人人争做铁人。

在大庆石油会战中，作为领导的宋振明，铁人王进喜非常尊重他；而对作为部下的王进喜，宋振明既爱护、培养，又严格要求。两人结下了深厚的友谊。

1970年5月4日，铁人做了胃切除手术。躺在病床上，可他的心一刻也没离开过油田、没离开过工作。铁人知道，要从根本上扭转油田生产形势必须抓紧解放干部，尤其解放像宋振明这样有着丰富的生产指挥经验的领导干部。一天早晨，他叫警卫员方廷振代笔，给大庆革委会当权的军代表写信，要求抓紧解放宋振明，又给宋振明写了一封信。他要求方廷振赶回大庆亲自把信交到他们手里。方廷振表示给部队首长的信没问题，就怕宋振明不好找。

铁人说："好找，他就在二号院西边不远的一块大菜地看青，平时就他一个人。他个子挺高，40多岁，最明显的是有两个牙很有特点。你到大庆第一件事就去找他，免得惹起别的麻烦。到了菜地就大声喊宋振明。"

方廷振说："我咋能直呼人家姓名呢？"

"你不认识他，就得喊，不然咋能认准呢。"铁人拍了拍小方的肩膀，并嘱咐他千万不要让别人知道了。

方廷振回到大庆一下火车就直奔菜地，按照铁人教的办法找到了宋振明。只见他头戴前进帽，身穿单工服，手捧着一本书，坐在田埂上。宋振明看完了铁人的来信，激动地对方廷振说："你回去告诉老铁，说我谢谢他。让他好好养病，一定不要着急，治好了再回来。这边，我会相信组织、相信群众，让他放心。"

铁人王进喜住院7个月，和宋振明通信3次，二人都心系油田发展，情谊深厚。

铁人王进喜逝世后，宋振明同志首先写文章追忆铁人，提倡学铁人，恢复会战传统，并一直把这尊铁人塑像摆在案头，1971年调到北京时，仍摆放在办公桌上。充分体现了他们之间的深厚友谊，以及他对铁人的由衷怀念之情。

宋振明逝世后，遵照他的遗嘱，将部分骨灰埋在了铁人到大庆打的第一口油井旁。

鲁迅美术学院张秉田创作的『铁人「九大」归来』《奋进》雕像

第五章 永恒纪念

【文物年代】1971 年
【文物级别】国家二级文物
【文物编号】DQT2726
【文物尺寸】长 28 厘米，宽 18 厘米，高 36 厘米

文物背景

1969年4月，王进喜参加党的"九大"，被推选为主席团成员，并当选中央委员，受到了毛主席、周总理的亲切接见。

故事链接

会议期间，周总理曾到黑龙江代表团参加讨论，听取汇报。休息时，总理找到王进喜，询问了大庆的情况，还特别询问了大庆工委领导干部解放的情况。总理说："当了中委就有了责任。大庆地位很重要，回去要抓紧工作，要尽快把工委主要领导干部解放出来。"听了总理的嘱托，王进喜再一次感到肩上的担子越来越重了。

铁人从"九大"归来后，豪情满怀，积极做好解放干部、坚持油田生产等项工作。受政治环境影响，大庆油田生产出现了地层压力下降、原油产量下降、原油含水率上升的"两降一升"严峻形势。王进喜焦急万分，在多方呼吁得不到解决的情况下，到北京与石油工业部军管会的同志一起起草并形成了《当前大庆油田主要情况报告》，向周总理汇报了大庆的情况。周总理批示：大庆要"恢复'两论'起家基本功。"对排除干扰，扭转局势，保卫大庆油田有着极其重大和深远的意义。在全油田干部、职工的共同努力下，1970年大庆油田的原油产量由上年度的1580万吨，上升到2118万吨，增长率为34%。大庆油田的突出贡献，支撑了濒临崩溃的国民经济。

铁人"九大"归来雕像，形象、生动、准确地刻画了铁人王进喜参加党的"九大"后，壮志凌云、昂首阔步地向我们走来，充分表现了他立志为发展大庆油田生产、为祖国石油事业奋斗终生的决心和信心。

铁人广场主题雕塑《铁人王进喜》定稿模型

第五章 永恒纪念

【文物年代】2001 年 3 月
【文物级别】国家三级文物
【文物编号】DQT3241
【文物尺寸】雕像高 44 厘米；底座长 15 厘米、宽 15 厘米、高 3 厘米

263

物见铁人

文物背景

由鲁迅美术学院孙家彬教授设计完成的铁人广场主题雕塑《铁人王进喜》，塑造了铁人王进喜的英雄形象，对研究铁人精神，构建英雄人物形象具有重要的价值。

故事链接

铁人广场位于铁人王进喜纪念馆对面，地处大庆龙南地区中心地带。于1999年4月20日开工，2000年9月20日竣工，占地面积18.42公顷，整个广场由铁人塑像、"腾飞"雕塑、台地园、春华园、秋实园、音乐喷泉、彩虹桥和大屏幕8部分组成。其中，铁人王进喜的雕像格外引人注目。

2000年底，大庆石油管理局决定在铁人广场上立一座铁人雕像，经与鲁迅美术学院沟通，确定由孙家彬教授设计制作。铁人雕像项目小组把领导的要求和想法与孙教授进行沟通，孙教授按照要求，根据他心目中铁人的形象，做了模型。2001年3月底，局里召开办公会，专题讨论铁人雕像事宜，大家审看了模型，整体满意，提出了部分修改意见。

2001年9月27日，《铁人王进喜》雕塑作品运抵大庆。9月30日上午9时，铁人雕像落成典礼准时开始，大庆石油管理局局长曾玉康发表致辞，局领导和机关工作人员向铁人雕像敬献了花篮。

如今，铁人广场已经成为油田矿区一道亮丽的风景，广场上巍然屹立的铁人王进喜雕像，也成为广场的灵魂所在。外地的游客到大庆来，总要在雕像前拍照留影，本地的居民在闲暇时也会来到雕像前或驻足，或遐思……

林树壮、王驰涛创作《铁人十曲》的微雕石刻

【文物年代】2003 年 9 月 22 日
【文物级别】国家二级文物
【文物编号】DQT3705
【文物尺寸】长 11.5 厘米，宽 6 厘米，高 11.5 厘米

物见铁人

文物背景

此文物由长春电影制片厂国家一级导演王池涛捐赠。内容为诗歌《铁人十曲》，作者为王驰涛；微雕艺术家林树壮刀刻完成。2003年，铁人王进喜诞辰80周年，王驰涛以王进喜生平事迹为素材，创作了歌颂铁人的诗歌《铁人十曲》。《铁人十曲》采用陕北信天游的形式，有浓郁的民歌风味，一唱三叹，节奏感强，有很强的艺术感染力。

微刻，属于微雕范畴，是一种以微小精细见长的雕刻技法。微雕既是微观艺术，也是书画艺术雕塑艺术，不同的是这些作品极其微小，没有相当高的微观雕刻技艺和书法功底以及熟练运用微雕工具的技能是难以完成的，且刻作时，要屏息静气，神思集中，一丝不苟。中国微刻历史源远流长，在中国商朝约三千多年前的中国人，就能在甲骨上刻下了微小文字，这些文字要用5倍放大镜才能识读。清朝因一名艺人在一粒芝麻上书"万寿无疆"为乾隆庆寿，微刻才声名大噪，权贵驱动也。清初杨璇、周彬都曾在寿山石雕品的花纹僻处刻以小字，以后更有人在印章方柱的四边，以极细微的文字，雕刻古人诗词作为边款。

王驰涛《铁人十曲》供2400字，他请微雕艺术家林树壮先生在一块长白石的正面雕刻而成，面积约69平方厘米，每个字迹半个小蚂蚁大小，要用放大镜才能阅读。微刻字体优美，体现了雕刻艺术家过硬的雕刻本领。

故事链接

2003年，铁人王进喜诞辰80周年，大庆油田电视中心策划拍摄三集文献纪录片《铁人王进喜》，并成立以许俊德为制片主任的摄制组，聘请长春电影制片厂国家一级导演、八集电视连续剧《铁人》导演王驰涛为纪录片编导。摄制组从2003年2月开始采访大庆石油会战的老领导、老同志及铁人王进喜的老队友。自3月17日至5月底，摄制组奔赴国内各油田寻访当事人。一路上，摄制组冒着非典型肺炎（简称非典）流行的危险，克服因非典期间各地限制外人进入的困难，共采访铁人的老领导、老战友等当事人80多人，拍摄资料1600分钟，散记资料900分钟。外出采访拍摄期间，摄制组自驾车总行程21600公里，穿越19个省、直辖市、自治区，翻越了太行山、吕梁山、六盘山、祁连山、天山、大小秦岭等险峻的山脉、山峰，克服高原反应、水土不服等困难，圆满完成了预定采访拍摄计划。通过采访当事人，摄制组的同志也受到一次铁人精神的再教育。

导演王驰涛的心一次次被铁人的事迹震撼，故而唱出了"铁人十曲"。在玉门采访期间，他利用晚上时间，创作完成了长诗《铁人十曲》。全诗一气呵成，气韵天成。在接下来的采访行程中，摄制组成员在车里，一遍遍朗诵该诗，更增添了完成好任务的信心、勇气。

铁人十曲

王驰涛

二〇〇三年十月,铁人王进喜八十诞辰。我们驱车万里,访问了八十余位英雄的故交。在这次崇高的追寻中,我的心一次次被震动,故而唱出这《铁人十曲》。

第一曲

黄土厚,黄沙深,
玉门北外进赤金。
赤金有个巷子口,
添了个娃子叫"十斤"。
装娃的筐倒有五斤半,
起名的先生发了昏。
爹娘却喜兴这娃子名,
十斤娃可明白爹娘心。

黄连根埋进黄黄的土,
家乡水浇灌着大漠魂。
生来长去还是枯枯的叶,
不觉得驼铃一动十八春。
做油娃藏身老君庙,
躲抓兵如躲鬼哭坟。

何日能遂爹娘愿,
穷汉汉拾块狗头金。

第二曲

大秦腔,吼高音,
震掉个王冠落沙尘。
铁树千年开花花,
十斤娃笑着站起身。
苦水水擦眼眼睛亮,
识得假来认得真。
知冷知热新社会好,
为民的才是领路人。

娘亲亲,党亲亲,
从此成了扯扯秧的根。
险区打井临绝壁,

未送老父西归魂。
风旋黄沙雾,
不顾泪湿襟。
白杨河映着祁连的雪,
大鹏鸟展翅要穿云。

第三曲

借东风英雄齐聚天安门,
王进喜默默不语离人群。
汽车上还背着煤气包,
骆驼草的刺刺扎在心。
谁说的石油都在洋人处,
不信中华竟此贫。
英雄大气诏天地,
松辽端出个油盆盆。
心急切,
夜晚回家拜老母,
清晨登车别玉门。
顶着风雪向北走,
恨不得一人能有油一吨。

黑土地睁眼四处处看,
十三路兵马一股劲。
人拉肩扛立井架,

脸盆打水无前人。
夜枕钻头睡雪地,
天明再用汗暖身。
玉米面儿糊糊喝下肚,
一拨大钩六千斤。
五天半打出第一口井,
油流流日产上百吨。
赵大娘连声把铁人唤,
铁人醉了国人心。

第四曲

披红的大马精神神,
双双眼盯着英雄门。
首长牵马工人坐,
更觉出肩上的担子千斤沉。
为石油宁可少活二十年,
马背上坐着一个拼命的人。

打虎的不怕山路险,
擒龙的不避海水深。
高压区才出高产井,
大钻一动油井喷。
乱石飞射恶虎似的狠,
油气喷吐毒龙般的阴。

谁敢张口吞井架？
老铁一跳定乾坤。
身搅的泥浆能补天，
何惧你地火烈烈烧白云。

第五曲

打架可让人，
比武不让亲。
小青年只明这个理，
好钻头送人不甘心。
老铁笑罢脸一板，
一木独秀不成林。
血脉脉通的都是英雄气，
打断了骨头连着筋。

大会战为的是石油，
抢进尺好比把敌擒。
小青年立功心切打斜了井，
英雄队给老铁丢了人。
老铁听了压住火：
我脸上是白是黑值几分。
为油田负责一辈子，
事比天大得掂掂心。
从此"三老四严"规矩立，
"四个一样"求个个真。

第六曲

阳光光一照枝叶叶伸，
哪里有土哪里扎根根。
大铁犁破开了盐碱地，
汗珠珠浇出米粒粒沉。
余部长吃了桌上的菜，
说出的话语亮透了心。
井架子插天是凌云志，
吃饱了打井是志凌云。

女娃子十二不识字，
秃小子见面把拳头抡。
都怪爹娘为了油，
几茬庄稼才一茬人。
老铁急得眼冒血，
自办学校把师寻。
土屋屋一间天地阔，
多少贤才出此门。

当工人想着国家事，
当队长心头想工人。
雨天怕的房漏雨，
雪里送炭跑得勤。
胃病痛的路边边坐，

夜半半熬药暖暖身。
小徒弟买来一碗奶,
他劈头盖脸把人训:
两个孤儿等钱用,
你小子咋就这么混。
徒弟一听流下泪:
我们是人你也是人!

北京城里开了会,
周总理大声报喜讯。
石油基本可自给,
老铁一听开了心。
半夜里跑到大街上,
蹲下身看着车轮轮。
再不愁飞机坦克吃不饱,
看一看谁敢欺负中国人。

第七曲

蓝盈盈的晴天下大雨,
明亮亮的太阳脸上阴。
老铁一时发了懵:
咋的功臣转眼变罪臣?
宋陈季王被打倒,

油田减产乱纷纷。
自立为王都造了反,
昔日的兄弟成仇人。

国家又有难,
如同火燎心。
登车去北京,
要把正义伸。

形势大好是假话,
中央千万别当真。
水淹脖子是实情,
咱拿脑袋当保人!
王进喜一字一泪语音颤,
张春桥听了脸阴沉。
周总理得知心焦急,
做批示,派驻军,
力挽狂澜用苦心。

第八曲

初夏大地裂,
深秋雨纷纷。
一股冷风又吹起:

他不是铁人是泥人。
老铁听了不气恼：
铁人泥人算个蛋，
多出石油才叫真。

老铁出面抓生产，
有人偷看眼珠珠阴。
回家路上被抓走，
拳打脚踢鲜血淋。
老母被逼去上吊，
亏得妻子救老人。
老母气得哭声绝：
我儿为油苦吃尽，
为何还伤我儿身？
他满身的伤病谁知晓，
你拍拍胸口问问心。

孙大圣进过八卦炉，
王老铁火中炼真金。
盐从哪咸醋哪酸，
三岁的娃子也能分。
油田的好人齐声喊：
老铁就是铁铸的人！

第九曲

中南海里传出话，
毛主席要见王铁人。
破裤子裹着红肿的腿，
当上了"中委"去玉门。
不为春风又得意，
心里的大事重千斤。
路过江汉找李敬，
开会又把唐克寻。
这些好人不解放，
何以对天对地对人民。
只要一天做"中委"，
就四处奔走救功臣。
叹只叹心愿未了身先倒，
哪有佛爷哪有神！

白云去了来黑云，
飘来荡去昏沉沉。
一阵阵巨痛一次次忍，
嘴唇唇咬烂血渗渗。
不敢看亲朋好友把泪淌，
想娘又怕见娘亲。
一次次昏迷一阵阵醒，

飘飘荡荡站起身。

放不下儿女未成年，

放不下老母已七旬。

放不下宋指挥还把菜地种，

放不下苦生苦长流血流汗的大庆人。

何日里干打垒变成高楼房，

能遮住风雨挡住尘。

何日里野蒿子变成绿草地，

再不是狂风一起天地昏。

桩桩件件情未了，

件件桩桩挂在心。

生不能同把心愿了，

留不下身子留下魂。

萨尔图大风敲天鼓，

祁连山白雪化红云。

磕头机拜罢经幡动，

送行酒一饮雨倾盆。

浩荡荡，千鹤长鸣作前导，

舞飘飘，百名天女散花魂。

白象十乘拉井架，

日月两星伴车轮。

彩石铺路灵光现，

香草齐天避邪尘。

老铁头枕东海浪，

闭目歇歇劳累的身。

天龙八部随左右，

怕只怕他惊醒又劳神。

香气去，高空阵阵声乐远，

忽惊心，大地同声哭铁人。

老铁啊，

你何日归，你何日回，

咱为你敞着家里的门！

第十曲

杨树林黄了又绿几十春，

大秦腔唱了又唱韵色新。

三十三年老铁归，

以心对心他话语亲：

大潮涌起拍天的浪，

正是浪推船行的好时辰。

爱国敬业的心一定，

就能像袁隆平一人顶万人。

想当年，

针对岩层配钻头，

两眼一看千米深。

犹见铁人

井架子挺身站着走,
样宗宗都是靠创新。
老铁说罢眼盯盯看,
那目光激动着子孙心。

情切切,意深深,
老铁一笑放宽心。
二次创业脚踏着地,
与时俱进耳目目新。

大船顶风浪中走,
大树不倒百丈根。
天下哪里有石油,
哪里就去大庆人。

作于《铁人王进喜》拍摄途中

2003 年 5 月

石油大会战工委颁发的"一九六一年大会战一级五好红旗手"奖状

【文物年代】1962年元月
【文物级别】国家二级文物
【文物编号】DQT1574
【文物尺寸】长51厘米，宽37厘米

物见铁人

文物背景

此文物系大庆石油会战指挥部颁发给优秀职工的奖状，由大庆油田钻技公司卫生所退休干部李鸿业捐献。它见证了大庆石油会战的开发建设历程和会战职工为早日实现我国石油基本自给而无私奉献的革命英雄主义精神。

故事链接

据1961年6月7日大庆《战报》记载，五好单位和红旗手的评比，采取群众民主评议，领导批准的办法，一级五好红旗单位和一级五好红旗手由大会战政治部批准，二级五好红旗单位和二级五好红旗手由各指挥部党委批准。五好红旗手的内容是：思想好，生产好，学习好，纪律好，作风好。五好评比时间，每月进行一次，年中进行总评。凡是一级五好红旗单位，均有大会战政治部颁发一级流动红旗；一级五好红旗手均发给红旗手册，并由个人保存。后来，随着发展，荣誉称号也发生了演变。"一级红旗手"演变为"标兵"，"五好红旗手"改为"先进生产者"。

1960年"4·29"大会后，"学铁人、做铁人"活动在全油田轰轰烈烈开展起来。各单位纷纷请铁人做报告、介绍经验。铁人王进喜的事迹感染、教育和激励着广大会战职工，一大批先进模范人物涌现出来。马德仁带领的1202钻井队和1205钻井队比着干，他说："铁人带头冲，就是给我们加压力"；1206钻井队队长段兴枝受铁人"整拖搬家"的启发，利用钻机自身的动力，发明"钻机自走"，大大提高了钻井速度；第三采油队队长薛国邦手持蒸气盘管跳进齐腰深的储油池，化开凝结的原油，确保大庆首车原油准时外运；工程队队长朱洪昌用手指堵住从管线裂缝刺出的水柱，让焊工施焊，为了疏通供水管线，他强忍着焊花灼烧手指的剧痛，争时间、抢速度。

1960年7月1日，油田召开庆祝建党39周年暨石油大会战第一战役总结大会，突出表彰了王进喜、马德仁、段兴枝、薛国邦、朱洪昌"五面红旗"。会战领导亲自为"五面红旗"牵马坠镫，这是石油大会战给予劳动模范的最高荣誉。

"评比选树"活动，伴随石油大会战的始终，极大地激发了参战将士的会战热情。整个油田出现了"前浪滚滚后浪涌，一旗高举万旗红"的喜人局面。

有诗赞道："一面红旗红一点，五面红旗红一线，万面红旗迎风飘，红遍祖国大油田。"

中共松辽石油会战工委向参加石油会战职工颁发的"五好红旗手"奖章

【文物年代】1963 年 12 月

【文物级别】国家二级文物

【文物编号】DQT0798

【文物尺寸】长 4 厘米，高 2.5 厘米

文物背景

此件文物是会战职工获得的"五好红旗手"奖章，系会战职工杨生豪捐献。"五好"即学习好、思想好、工作好、纪律好、作风好，这枚小小的奖章是对大庆石油会战中表现优秀职工的奖励，对于研究大庆油田的开发建设历史具有一定帮助作用。

故事链接

大庆石油会战从1960年"五一"全面打响，到1963年底，经过3年多的艰苦奋斗，取得了巨大的成就。一是高速度、高水平探明了一个特大油田，形成了一定的生产规模。到1963年底，累计打井1178口，产油1166.2万吨，占同期全国原油产量的51.3%，对实现我国石油基本自给起到了决定性的作用。二是完成了大庆炼油厂建设的第一期工程，并投入生产，开始为国家提供石油加工产品。三是推动了中国石油地质理论和勘探开发技术的进步，丰富了中国的陆相生油理论。四是摸索和总结了一套科学的管理制度。五是培养和锻炼了一支政治觉悟高、有一定技术素养、干劲大、作风好、有严密的组织纪律、能吃苦耐劳、能打硬仗的石油职工队伍，积累了比较丰富的队伍建设经验。六是塑造并形成了以铁人精神为核心的大庆精神，对大庆的发展以及石油工业的发展产生了深远的影响。

这中间非常重要的一条是充分发挥人的主观能动性，有了一支用大庆精神铁人精神武装起来的干部职工队伍，具有无坚不摧、战胜一切艰难险阻的力量。会战指挥部在十分困难的条件下，组织职工开展学习毛泽东主席的《矛盾论》《实践论》，用"两论"的观点统一会战职工的思想，指导会战实践。在油田开发过程中，充分发挥先锋模范作用，用先进人物的影响，带动全体会战职工发扬为油拼搏、无私奉献的精神，解决会战过程中遇到的一个个困难。铁人王进喜就是大庆石油会战中涌现出来的第一个英雄，在他身后，涌现出许许多多的油田先进模范职工，带动了大庆石油会战的全面开展，夺取了大庆石油会战的全面胜利。

1963年，会战指挥部为先进模范职工颁发的"五好红旗手"奖章，告诉我们大庆油田是如何开发成功的，让我们永远铭记这些为大庆石油会战立下不朽功勋的英雄吧。

大庆石油会战纪念章

第五章　永恒纪念

【文物年代】1960—1963 年

【文物级别】国家二级文物

【文物编号】DQT1457

【文物尺寸】长 4 厘米，宽 2.5 厘米

文物背景

纪念章是会战工委颁发给参加大庆石油会战职工的,它标明了职工亲历大庆石油会战这一光荣而又神圣使命的特殊身份。曾和王进喜一起工作过的油田老会战廖廷臻捐献,是1960—1963年底大庆石油会战最好的见证,十分宝贵。

故事链接

1960年2月,中共中央批准了石油工业部关于组织大庆石油会战的报告。从3月份开始,石油工业部集中玉门、新疆、川中、青海等各石油厂、矿,以及所属院校、科研部门共37个单位的精兵强将齐聚大庆。中央批准的3万多名解放军退伍转业官兵也开赴大庆参加石油会战。

大庆石油会战,是在困难的时间、困难的地点、困难的条件下进行的。4万多人的会战队伍,一下子集中到荒凉沉寂、冰天雪地的大荒原上,生产生活遇到了极大的困难。

在这种情况下,会战工委号召全体参战将士学习毛主席的《实践论》和《矛盾论》,用"两论"的立场、观点和方法解决大会战中遇到的问题指导大会战。学了"两论"心明眼亮,会战职工自觉把多找石油、多产石油与国家的命运联系起来,奋发图强,艰苦创业,涌现出了以铁人王进喜为代表的一批先进人物。一个铁人前面走,千万个铁人跟上来。会战职工夏战雨季,冬战三九,克服了常人难以想象的困难,取得了令人瞩目的成就。1960年,从4月做准备,从"五一"会战全面打响到年底,仅仅9个月的时间就打井254口、总进尺29.3万米,当年为国家生产原油97.1万吨,占全国原油生产总量的18.6%,收回投资的29%,这预示着大庆油田的发展势头,将在改变我国石油工业落后面貌中有着举足轻重的地位。

紧接着1961年和1962年两年当中，会战职工生产生活两不误，独立自主，自力更生，抢建干打垒，开荒种地解决吃粮困难，采用"边勘探、边建设、边开发"的"三边"方针，注重速度，更注重质量，完成了萨尔图油田第一阶段146平方公里的开发方案，建立了生产岗位责任制度，建设了新型的石油矿区。

三年多的大庆石油会战，取得了取世瞩目的成就，探明了一个面积860平方公里的特大油田，建成了500万吨/年的原油生产能力，累计生产原油1166.2万吨，占全国同期原油产量的51.3%，除全部收回投资外，还为国家积累资金3.5亿元，从根本上改变了我国石油工业的落后面貌。

为了纪念大庆石油会战的胜利，会战工委特印制了会战纪念章，颁发给1960—1963年期间参加会战的职工。

物见铁人

"工业学大庆 学铁人标兵"铝制奖章

【文物年代】1978年12月
【文物级别】国家三级文物
【文物编号】DQT0704
【文物尺寸】长6.5厘米,高4.5厘米

文物背景

全国工业学大庆会议于1977年4月20日至5月13日先后在大庆和北京举行。会后，在全国迅速掀起了工业学大庆的热潮。这枚1978年12月"工业学大庆　学铁人标兵"铝制奖章反映了当时重要的历史事件，对于研究大庆油田的开发建设乃至中国石油工业的发展历史具有一定意义。该奖章由玉门油田职工王忠堂捐献。

故事链接

全国工业学大庆会议1977年4月20日至5月13日先后在大庆油田和北京举行。会议代表7000多人。中共中央、国务院授予全国大庆式企业、全国先进企业称号2126个，授予全国先进生产者称号385人。5月14日大会闭幕，国务院副总理纪登奎致闭幕词，副总理王震、谷牧向代表颁发《光荣册》。全国工业学大庆会议之后，在祖国各地迅速掀起了工业学大庆的热潮。文物捐献者王忠堂和铁人王进喜是老乡，新中国成立后，他经王进喜介绍，到玉门油矿当钻井工人。多年来，王进喜始终是他学习的榜样，他工作上高标准、严要求，多次获玉门石油管理局等先进个人。1978年，他参加全国石油化学工业第二次学大庆会议，获得了"学铁人标兵"荣誉称号，并获得了这枚奖章。

物见铁人

大庆油田开发建设 35 周年暨 5000 万吨稳产 20 周年纪念币

【文物年代】1995 年

【文物级别】国家三级文物

【文物编号】DQT6244

【文物尺寸】直径 6 厘米

文物背景

1995年，大庆石油管理局制作的大庆油田开发建设35周年暨5000万吨稳产20周年纪念币，反映油田重要历史事件的具有重要价值的文物，具有历史价值。

故事链接

1995年，是大庆油田开发建设35周年，也是大庆油田原油5000万吨稳产20周年，大庆油田的总体开发效果达到了世界先进水平，创造了世界大型砂岩油田开发的奇迹。1995年9月20日下午，举行油田开发建设35周年暨5000万吨稳产20周年总结表彰大会。

江泽民总书记、李鹏总理专门为大会题词。江泽民的题词是："发扬大庆精神，搞好二次创业。"李鹏的题词是："继续发扬爱国、创业、求实、奉献的大庆精神。"国务院及黑龙江省委省政府等部门发来贺电。中国石油天然气总公司相关领导宣读国务院贺电。大庆市委书记、石油管理局党委书记李智廉主持大会。大庆石油管理局局长王志武做了题为《继往开来，勇攀高峰，努力把油田稳产期延伸到二十一世纪》的报告。

大会对在大庆油田原油年产5000万吨以上稳产20周年作出突出贡献的功勋集体和功勋个人进行通报表彰，对钻井一公司等55个单位授予"功勋杯"；对油田化学助剂厂等14个单位授予"纪念杯"；对王启民、马军等406名个人授予"功勋"称号。中国石油天然气总公司总经理王涛出席总结表彰大会并讲话。黑龙江省委书记岳岐峰出席大会并讲话。全国政协主席洪学智出席大会，并为大会题词："石油事业兴旺发达，大庆红旗永放光辉。"

这次大会对油田开发建设35年做了总结，提出了油田"九五"发展目标及主要任务。

铁人老战友缅怀铁人的签名条幅

【文物年代】2000年4月5日
【文物级别】国家三级文物
【文物编号】DQT3317
【文物尺寸】长119厘米,宽78厘米

文物背景

这件签名条幅系 2000 年 4 月 5 日清明节来临之际，铁人老战友捐献给铁人王进喜纪念馆的。

故事链接

1960 年 3 月 25 日，王进喜和他的战友们到达了大庆的萨尔图。当时的大庆油田，头上青天一顶，脚下荒原一片，在生产和生活条件十分困难的前提下，王进喜和他的 1205 钻井队队员们没有条件创造条件也要上，用大无畏的英雄主义精神谱写了一曲英雄主义的赞歌。他们人拉肩扛运钻机，破冰取水保开钻，为打好到大庆的第一口生产油井，王进喜身不离钻台，心不离井场，职工们发扬连续作战的工作作风，这口井于 4 月 14 日开钻，4 月 19 日完钻，仅用 5 天零 4 个小时就打完进尺，井深 1200 米，创造了大庆石油会战的第一个钻井纪录。1205 队也先后被命名"铁人钻井队""钢铁钻井队"等荣誉称号。

几十年来，1205 钻井队干部职工怀着为国分忧、为民族争气的雄心壮志，踏着铁人的足迹奋勇争先，为中国石油工业的发展做出了巨大贡献。20 世纪 50 年代，在玉门油田创出了"月上五千，年上双万"的全国最高纪录；1966 年，突破年钻井进尺 10 万米大关，超过了当时的美国王牌钻井队；1971 年，首创月进尺 16201 米、年进尺 12.7 万米的全国最高纪录；1982 年 4 月 11 日，成为全国第一个累计钻井进尺突破 100 万米的钻井队；1985—1987 年，勇夺全国石油工业同工种基层队劳动竞赛金牌三连冠；1989 年 11 月 13 日，钻井总数在全国率先突破 1000 口；1996—1998 年，连续三年获中国石油天然气集团公司金牌；2000 年，创出了最大井斜角 32.5 度、最大水平位移 500 米、钻井周期 6 天的定向井施工最好成绩，实现了特殊工艺井施工零的突破；2004年2月2日，累计进尺突破200万米大关；2006年，成功完成了大庆油田第一口长水平段取心水平井，取心长度首创全国纪录；2006年2月，中标苏丹项目，成功打入国际钻井市场。目前，该队已累计钻井1862口、进尺230余万米，相当于钻透了261座珠穆朗玛峰。

如今，和铁人一起参加过会战、打出到大庆油田第一口生产油井的老队友们，都已白发苍苍，从工作岗位上退了下来。时光流逝，岁月变迁，他们永远怀念石油会战那段如火如荼、激情燃烧的岁月；他们更难以忘怀的是曾经跟他们并肩作战过的铁人老队长。在这块充满神奇的土地上，他们抛洒过青春、热血和汗水，时光永远铭记着那刻骨铭心的记忆。"清明时节雨纷纷，路上行人欲断魂"。每到清明这一天，他们就会自发组织起来，用多种形式缅怀他们的老队长王铁人。

这件签名条幅印证了铁人老战友对铁人的无限怀念之情，也告诉了我们一个道理："有的人虽然离开了我们，但他却永远活在人们心中。"

纪念铁人王进喜诞辰 80 周年万人签名条幅

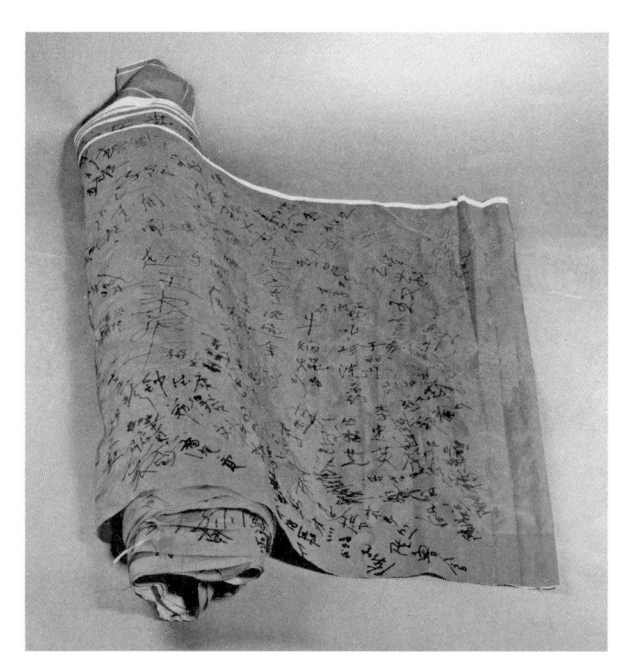

第五章 永恒纪念

【文物年代】2003 年 10 月 8 日
【文物级别】国家二级文物
【文物编号】DQT0418
【文物尺寸】长 10000 厘米，宽 160 厘米

291

物见铁人

文物背景

此文物是2003年10月8日纪念铁人王进喜诞辰80周年万人签名条幅。2003年10月8日，在铁人诞辰80周年之际，油田通过多种形式缅怀英雄铁人。这幅万人签名长卷充分表达了油城人民对铁人的敬仰、怀念之情。

故事链接

2003年10月8日，对于生活和工作在大庆油田的职工来说，是个不同寻常的日子。80年前的今天，一个被称为"10斤娃"的孩子出生在甘肃省玉门市赤金堡。谁能想到，这个普普通通农家出生的孩子，会在中国石油工业发展史上写下浓重的一笔。

为纪念这位为大庆油田的开发和建设立下不朽功勋的英雄人物，大庆油田隆重组织召开了铁人王进喜诞辰80周年纪念大会，中国石油天然气集团公司，中华全国总工会，国务院国资委，黑龙江省委、省政府及大庆市委、市政府等各方面领导参加了大会。会上，中国石油天然气集团公司总经理助理、大庆石油管理局局长曾玉康代表大庆地区石油石化企业发言。中国石油天然气集团公司党组书记、总经理马富才在纪念大会上发表了重要讲话。马富才指出，大庆精神造就了铁人，铁人和他的战友们创造了大庆。他要求新一代大庆人，高举铁人精神的旗帜，在新时期实现大庆地区的可持续发展，再创新的辉煌。

同时，大庆油田还开展了多种形式的纪念活动，举办铁人事迹报告会、举行各类演唱会、成立大庆精神铁人精神研究会、拍摄大型文献纪录片《铁人王进喜》等。这幅长卷上面有来自油田各方职工上万人次的签名，表达了大庆油田职工决心踏着铁人的脚步走，为祖国献石油，为中华民族的复兴做出新时代的新贡献。